OS NOMES DO ÓDIO

Coleção ELOS
Dirigida por J. Guinsburg

Equipe de Realização – Preparação: Iracema A. de Oliveira • Revisão: Luiz Henrique Soares • Logotipo da coleção: A. Lizárraga • Projeto gráfico: Adriana Garcia • Produção: Ricardo W. Neves, Sergio Kon e Raquel Fernandes Abranches.

ROBERTO ROMANO

OS NOMES DO ÓDIO

PERSPECTIVA

Dados Internacionais de Catalogação na Publicação (CIP)
(Câmara Brasileira do Livro, SP, Brasil)

Romano, Roberto
    Os nomes do ódio / Roberto Romano. –
São Paulo: Perspectiva, 2009. – (Elos ; 62 / dirigida por
J. Guinsburg)

    Bibliografia.
    ISBN 978-85-273-0873-1

    1. Antissemitismo 2. Ensaios 3. Filosofia
4. Ódio – Aspectos sociais 5. Preconceito 6. Racismo
I. Guinsburg, J. II. Título. III. Série.

09-10203   CDD-102

Índices para catálogo sistemático:
1. Antissemitismo : Ensaios filosóficos 102

Direitos reservados em língua portuguesa à

EDITORA PERSPECTIVA S.A.

Av. Brigadeiro Luís Antônio, 3025
01401-000 São Paulo SP Brasil
Telefax: (11) 3885-8388
www.editoraperspectiva.com.br

2009

SUMÁRIO

INTRODUÇÃO 9

OS NOMES DO ÓDIO 13

Introdução

Quando o governo brasileiro esperava a visita de Mahmoud Ahmadinejad, líder político notório pelo fanatismo e acirrada posição antissemita, jovens corajosos convocaram uma grande manifestação contra a sua vinda ao nosso país. Ao chegar à Praça dos Arcos, no início da Avenida Paulista, vi ali reunidas pessoas das mais variadas idades, profissões e crenças religiosas. No momento em que adentramos o local, falava um pastor protestante cuja voz potente dirigia apelos ao povo brasileiro para que não se deixasse iludir pelas propagandas dos governos. Os hinos, elevados por aquelas pessoas favoráveis à vida, desmentiam os nossos dirigentes que dizem seguir o pragmatismo e os negócios, deixando de lado princípios e valores.

Voltei para casa e, ao meditar sobre o evento, decidi que era tempo de apresentar ao público alguns pensamentos sobre o antissemitismo, sentimento e doutrina que percorrem a medula de nossa coletividade católica e autoritária. O anúncio do cancelamento, pelo governo iraniano, da referida visita, não me trouxe alívio ou alegria. O Brasil, apesar de tudo, ainda mantém projetos de ações comuns com o Irã antissemita. Nada mudou substancialmente nas relações entre os dois Estados. O fato de que a viagem do líder iraniano foi adiada representa apenas um pequeno lapso nas relações estratégicas entre governos. O nexo entre Irã, Venezuela, Brasil, supõe outras parcerias geopolíticas, interesses ocultos sob uma estratégia escura e ameaçadora, cujo nome é Razão de Estado. Os dois protagonistas não renunciaram à colaboração, tingida por ideologias autoritárias e diplomacia bélica. Em tais elos, as ameaças mais diretas se dirigem ao povo de Israel.

Dirigentes do Irã reafirmam, sem cessar, seu alvo de exterminar os israelenses, aniquilando Israel. No mesmo passo segue, célere, a busca do artefato nuclear que permitirá, imaginam eles, a façanha de arrancar o povo judeu do planeta. A Venezuela de hoje não esconde seu apoio entusiástico ao plano genocida, uma nova fórmula da "solução final". O Brasil, envergonhadamente, entra nesta nada santa aliança com enorme dissimulação, muito perceptível nos atos de suas autoridades federais. Mas semelhantes procedimentos já foram apresentados por ideólogos cuja leitura intoxica os militantes que apoiam as ações diplomáticas do governo. Os frutos dessas doutrinas começam a surgir na América do Sul. O atentado contra a Sinagoga de Caracas é apenas um sinal do que virá em dias próximos.

Mas tanto o dirigente autoritário da Venezuela quanto os diplomatas do Itamaraty e do Palácio do Planalto só conseguem manter seus tratos secretos ou abertos, sua estratégia sombria, porque as sociedades que eles representam brotam da ordem católica, da qual ainda não foram retiradas as manchas do antissemitismo. Após o Concílio Vaticano II, surgiram esperanças de mudanças no convívio entre católicos e judeus. Mas o atual pontificado máximo recuou muito, em vez de avançar nas sendas do diálogo. No Brasil, as declarações recentes do Arcebispo de Porto Alegre, para quem o genocídio contra o povo judeu é apenas produto da propaganda judaica, mostram o quanto a Igreja ainda guarda no coração um duro ódio contra o povo de Jesus e de Maria[1].

1. Existem vários tipos de antissemitismo católico. Boa parte deles é movida por motivos de ordem religiosa, como o que exacerba a ruptura de São Paulo contra a corrente judaizante na Igreja primitiva, liderada por São Pedro. A outra se determina por razões de ordem social ou econômica. É o que ocorreu em Portugal e na Espanha, tendo em vista o confisco puro e simples dos judeus. Já ali se inicia a horripilante "limpeza de sangue". O racismo, com alegações de ordem biológica, se integra aos anteriores, forma um sistema cujos frutos apareceram no século XX, em especial na Alemanha, na França e na Itália. Existem antissemitas católicos, no entanto, que divergem dos regimes amigos de Hitler, como o de Vichy. É o caso de Georges Bernanos, escritor que via nos judeus um povo inserido nas dobras da modernidade, com a posse do dinheiro, da ciência e do poder. Mas o romancista que denunciou o governo de Petain e os massacres ocorridos na Espanha de Franco, exilado no Brasil, repetiu ao longo de sua vida (e não só durante a Segunda Guerra) que "a última gota de sangue judeu é mais querida do que toda a púrpura de um cardeal fascista". Cf. Maurizio Serra, *La ferita della modernità, intelletuali, totalitarismo e immagine del nemico*, Bologna: Il Mulino, 1992, p. 45. Quando ouvimos as falas de bispos e dignatários antissemitas, em nossos dias, recordamos o mote de Bernanos.

Diante desse quadro, resolvi reunir textos esparsos publicados por mim nos últimos anos contra o antissemitismo católico, protestante ou laico. Dei-lhes a forma de meditações e críticas que se sucedem sem plano rígido ou fronteiras temáticas. A cada nova reflexão, teço análises sobre um assunto ligado ao antissemitismo ou ao racismo. O leitor pode seguir as páginas, umas após outras, mas também poderá começar pelo meio ou fim do livro. Em todas as sequências, mostro o quanto é necessário lutar contra sofismas antissemitas teológicos, jurídicos (sobretudo os enunciados pelo doutrinário Carl Schmitt, nazista e católico conservador), ideológicos. O debate que pretendo suscitar com certeza não é agradável e bem-vindo nos círculos dos que, pelo silêncio cúmplice, fingem não perceber o atual fortalecimento do nazismo e do antissemitismo, o seu irmão siamês. Mas é melhor falar alto, ao público, do que acovardar-se, emitindo sussurros e lamentos em corredores universitários ou confessionais.

Agradeço ao professor Jacó Guinsburg a sua amizade na luta comum contra todos os ódios que se instalam nas almas de hoje, no mundo e no Brasil. Aos que lutam contra o racismo fanático (cristão ou muçulmano), digo apenas uma palavra: coragem!

ROBERTO ROMANO

OS NOMES DO ÓDIO

ALGUMAS TÉCNICAS PERMITEM DIRIGIR MASSAS. GOEBBELS USOU de modo inventivo a manipulação dos jornais, rádio e cinema para assassinar milhões. Na América do Sul, os regimes de Getúlio Vargas e de Perón criaram agências especializadas em propaganda, inspiradas no exemplo nazista[1]. Tais recursos assoalharam as consciências com as certezas do autoritarismo ditatorial. Entre elas, o rancor antissemita. O pensamento platônico ajuda a entender todas as artimanhas da ideologia. Na *República*, Platão mostra a forma de impor atitudes mentais aos protetores da cidade. A obediência será infalível se eles tiverem nas almas "sobre as coisas a temer... uma opinião indelével". Sócrates adianta a figura que explica o seu dito. Os tintureiros, diz ele, se querem aplicar a cor púrpura em

1. Além do clássico livro de Maria Luiza Tucci Carneiro, *O Antissemitismo na Era Vargas*, São Paulo: Perspectiva, 2001, é imprescindível consultar o escrito de Maria Helena Rolim Capelato: *Multidões em Cena, Propaganda Política no Varguismo e no Peronismo*, São Paulo: Unesp, 2008.

tecidos, escolhem o branco e o preparam para receber aquele matiz. O tecido é testado com detergentes, para ver se perde a cor. Caso seja usada uma lã não branca, e a tinta não receba tratamento correto, a púrpura se gasta num ridículo descolorido[2].

Para formar os soldados, finaliza Sócrates, devemos fazer como o tintureiro que aplica a cor indelével. O tecido, agora, é o da alma. Esta última deve ser dócil e receber a opinião da lei, relativa ao que deve ser temido. Se a técnica é falha, a opinião perde força. Magnífica análise, a platônica, dos processos autoritários usados na era antiga e moderna. Doutrinas ideológicas, aplicadas com perícia técnica na alma das pessoas, são indeléveis e se tornam "preconceito" ou "ética". "Ética" se enuncia de muitos modos. Ela pode ser correta e saudável, ou mortal. Existe a ética médica para garantir vidas e, de outro lado, a exercida na máfia, agrupamentos políticos etc. Ética é o conjunto de atitudes corporais ou anímicas aprendidas em determinado tempo e que, de tanto repetidas, operam automaticamente. Elas podem se desbotar um pouco. Mas são passíveis de reavivamento, de modo a gerar certezas nos adoecidos de ideologia, ou pior, nos educados apenas para seguir a ideologia.

2. *República*, 429d-e "os tingidores, quando querem tingir a lã de púrpura, escolhem primeiro, entre as diversas cores, uma só espécie de lã, a branca; em seguida, preparam-na, submetendo-a a longo tratamento, a fim de que adquira ao máximo o brilho da cor; afinal a mergulham na tintura. E o que se tinge desta maneira é indelével; [...] Concebe, pois, [...] que procedemos, na medida de nossas forças, a uma operação semelhante, por nosso turno, ao escolher os guerreiros e educá-los". Tradução: J. Guinsburg, São Paulo: Perspectiva, 2006, p.153-154.

O antissemitismo é uma ideologia arraigada na mente de povos antigos e modernos. São inúmeras as tinturarias da alma que funcionaram em ritmo industrial na história do Ocidente para aplicar nas almas o ódio contra os judeus. A Idade Média imprimiu ódio contra os judeus com a desculpa do deicídio. Entre os protestantes, Lutero exagerou em textos como *Os Judeus e Suas Mentiras*, de 1543. A atitude genocida encontra-se em outros textos do Reformador, por exemplo, no terrível *As Últimas Palavras de Davi*[3]. Não por acaso, aqueles textos de Lutero receberam enorme publicidade na Alemanha, entre 1933 e 1945. A receita do reformador foi seguida pelos genocidas: queimar sinagogas, arrasar moradias, destruir livros de oração, expulsar os judeus do país.

O caso é estudado por analistas de hoje[4]. O antissemitismo do século xx não foi monopólio dos cristãos. Os supostos ateus da URSS e países auxiliares nutriram ódio contra os judeus, encetaram *pogroms* e perseguições[5].

3. Quem deseja mais referências, leia o escrito de Heiko A. Oberman: *The Roots of Anti-semitism in the Age of Renaissance and Reformation*, Philadelphia: Fortress Press, 1984.
4. Cf. Mark U. Edwards Jr. *Luther's Last Battles: Politics and Polemics, 1531-46*, Ithaca: Cornell Univ. Press, 1983.
5. Cf. Gennadi Kostyrchenko, *Out of the Red Shadows: Anti-Semitism in Stalin's Russia*, New York: Prometheus Books, 1995. O autor, no capítulo sexto, analisa o caso dos médicos judeus acusados de conspirar contra o Kremlin a serviço de interesses ocultos. É muito instrutivo o item The Fabrication of the "Doctor's plot" (p. 258 e s.). Também esclarecedor o livro editado por Lucjan Dobroszycki and Jeffrey S. Gurock: *The Holocaust in the Soviet Union: Studies and Sources on the Destruction of the Jews in the Nazi-Occupied Territories of the*

A tinturaria das almas tem filiais espalhadas pelo mundo e forma o que Merleau-Ponty denominou, ao falar de Maquiavel, "a comunhão negra dos santos".

Em data recente, o mundo constatou, sem muita perplexidade, dada a eficácia da propaganda contra os judeus, atos gravíssimos. Em primeiro lugar, vem a notícia de que o pretenso bombardeio de uma escola da ONU não ocorreu. A mentira foi divulgada pelos jornais importantes com direito a fotos. A verdade aparece, tímida, oculta pelos mesmos periódicos. O governo de Hugo Chávez patrocina a destruição de uma sinagoga. No Rio Grande do Sul, outro local de culto judeu foi profanado com símbolos nazistas.

A tinturaria mentirosa opera rápido. Ela apenas revigora os desbotados matizes do ódio que, na vida democrática, pareciam perdidos. Apelo aos honestos: aceitar o antissemitismo, de esquerda ou de direita, é seguir o rumo da barbárie. Esta não salva ninguém da morte coletiva, em especial os árabes que hoje espalham doutrinas racistas. Eles também serão vítimas do que hoje pregam de maneira automática.

A tinturaria das almas apresenta vários planos e níveis de sofisticação. Dos panfletos ordinários aos artigos mais refinados em revistas especializadas ou em grandes periódicos, onde colunistas ditam sua razão aos leitores. Este é o caso de um artigo terrível, redigido por Marcelo Coelho, figura proeminente na imprensa paulista. Em artigo

USSR, 1941-1945, New York: M. E. Sharpe, 1993. Para uma coletânea de textos marxistas e stalinistas que usam sem nenhum pudor a pecha de sionismo contra os defensores do povo judeu, cf. Daniel Rubin: *Anti-Semitism and Zionism: Selected Marxist Writings*, New York: International Publishers, 1984.

publicado pela *Folha de S. Paulo*, com o título de "Somos todos judeus", em 14.1.2009, o autor inverte as posições corretas. No seu entender, os judeus de hoje cumprem o mesmo papel que os seus perseguidores desempenharam no passado. Os leitores podem ler o referido escrito a qualquer momento. Mas é preciso, para obter uma noção adequada do juízo emitido por Coelho, seguir as bases do pensamento esquerdista mencionado acima, com sede na antiga URSS. Vejamos. "A emancipação do judeu é a emancipação da sociedade do Judaísmo". A frase foi redigida por Karl Marx, um judeu, em seu panfleto sobre a *Questão Judaica*[6]. No escrito mencionado, Marx se mostra discípulo de Feurbach, mesmo nos detalhes. O autor de *A Essência do Cristianismo* acusa os judeus e sua religião de egoísmo e ganância materiais. O culto judeu seria o do estômago[7]. Com a virulência antissemita de Feuerbach, teratologias "filosóficas" surgiram entre os conservadores (Richard Wagner e quejandos)[8] e "liberais" (o jovem Marx)[9]. Tais ideologias ajudaram a justificar

---

6. Para uma exposição do assunto, cf. Abraham Léon, *Die jüdische Frage, eine marxistische Darstellung*, de 1946 (republicação, Essen: Arbeiterpresse, 1972).

7. Cf. *Das Wesen des Christentums*, Stuttgart: Philipp Reclam, Jun, 1972 (Universal-Bibliothek), em especial o capítulo sobre O Significado da Criação no Judaísmo, onde Feuerbach proclama ser a religião judaica egoísta, um culto que não ultrapassa a experiência do estômago e que jamais se eleva às alturas [gregas] da teoria, p. 184 e s.

8. Cf. Marc A. Weiner: *Richard Wagner and the Anti-Semitic Imagination*, Lincoln: University of Nebraska Press, 1995.

9. Cf. William I. Brustein, *Roots of Hate: Anti-Semitism in Europe before the Holocaust*, Cambridge: Cambridge University Press, 2003, em especial p. 77- 87.

massacres não apenas de judeus, mas de todas as minorias desprezadas na Europa, nos séculos XIX e XX. Os resultados, sob o nazismo e o stalinismo, são tremendos, só negados por doutrinários assassinos. Não por acaso, Pierre Vidal-Naquet precisou redigir um livro cujo título é eloquente: *Os Assassinos da Memória*[10]. O escritor fala sobre os que, não contentes em matar seis milhões de corpos, agora passam à segunda fase do assassinato, praticando a corrosão das lembranças históricas.

Karl Marx resumiu, no seu texto infame, todos os preconceitos e ódios contra o povo que lhe deu a luz. Não por acaso, existe o conceito (e a prática) do que foi denominado *Der Jüdische Selbsthass*[11]. É possível encontrar judeus que odeiam judeus (Marx é exemplo, mas outros surgiram na história), negros que odeiam negros etc. Com o panfleto, o teórico do "socialismo científico" alimentou *pogroms* na extinta URSS e em todos os seus países satélites. Na linha paralela, Richard Wagner, outro filhote de Hegel e de Feuerbach, satisfazia a sede de sangue das almas nazistas.

Apenas o livro, cujo título é igual ao de Marx, redigido por Sartre, em momento de extrema lucidez, atenuou na esquerda o antissemitismo larvar que a sustenta (até hoje). Não me detenho na análise do texto publicado por Sartre. Remeto para a sua biografia escrita por Bernard-Henri Lévy[12]. De especial interesse o capítulo

10. *Les Assassins de la mémoire*, Paris: Seuil, 1995.
11. Uma análise instigante é feita por Hans Meyer em *Aussenseiter*, Frankfurt am Main: Suhrkamp, 2007. No relativo aos judeus que odeiam judeus e que são, ao mesmo tempo, marxistas, ver o capítulo intitulado Camarada Shylock.
12. *O Século de Sartre*, Rio de Janeiro: Nova Fronteira, 2001.

"Sartre e os Judeus". Em sua análise, contrária ao marxismo antissemita, diz Henri Lévy: "em duzentas páginas, Sartre varre o amontoado de hipocrisias ou de compaixões perversas. E, para todos os judeus daquele tempo, para Claude Lanzmann, Jean Daniel, Robert Misrahi, Bernard Frank, foi como uma libertação e como a volta do 'gosto de viver': 'nesta terra, maravilha-se Lanzmann, há pelo menos um homem próximo a nós, que nos entendeu". Deixo aos leitores a tarefa de reler a biografia e, sobretudo, o texto de Sartre. Lição de antimaniqueísmo: mesmo em um autor que escreve coisas indefensáveis (em especial o doutrinário *Furacão sobre Cuba*), existem ângulos meritórios que ajudam a pensar as questões políticas e sociais de maneira livre de preconceitos.

Todas essas considerações surgiram em minha mente, ao ler o artigo de Marcelo Coelho, um articulista brilhante, mas que naquele texto segue os parâmetros oficiais da esquerda. Com a técnica retórica do paradoxo (usar algo aceito universalmente em sentido diretamente oposto), o colunista transforma a questão judaica no inverso: Israel, como sempre nas teses da margem esquerda, é o único réu. Os verdadeiros judeus seriam os palestinos e seu ícone, as crianças. Como se crianças judaicas jamais tivessem sido atingidas por foguetes lançados pelo Hamas e como se na Carta de Fundação do Hamas não estivesse programada (pela enésima vez) a destruição de Israel e dos judeus. Lamentável, em todos os sentidos, o artigo em questão. Que merece leitura atenta e crítica.

Mas não é apenas na margem esquerda do mundo que se reitera a noção sobre a culpa dos judeus, ontem e hoje. Também na Igreja Católica resta, abaixo das sentenças proclamadas pelo Concilio Vaticano II, que tendem ao diálogo e não ao massacre dos judeus, um antissemitismo costumeiro e contumaz. No catolicismo, ninguém está acima da norma, sequer o papa. A história eclesiástica mostra pontífices depostos por entendimento ou aplicação incorretos da lei sagrada. Sem falar dos antipapas (em torno de 37 bispos), escolhidos por soberanos para efetuar políticas indignas da ordem magistral. Além das Escrituras, a tradição serve como diretriz para o pensamento e as ações católicas, tanto para os fiéis quanto para a hierarquia. *Bíblia* e tradição exibem as raízes judaicas da fé, o que torna o antissemitismo uma aberração na vida cristã. Infelizmente, o mundo vive de aberrações e a Igreja seguiu descaminhos em tempos e espaços diversos.

AS VERDADES DA *BÍBLIA* E DA TRADIÇÃO ORIENTAM A FORMA do ensino ministrado pelo Pontífice e pelos Concílios. Vejamos o que dizem os padres conciliares no referido Vaticano II, sobre os judeus. Lemos na *Declaração Nostra Aetate*: "Ao perscrutar o Mistério da Igreja, o Sagrado Concílio recorda o vínculo pelo qual o povo do Novo Testamento está espiritualmente (*spirituali-ter*) unido à estirpe de Abraão". Os sacerdotes proclamam que "do povo judeu nasceram os apóstolos, fundamentos e colunas da Igreja, como igualmente muitos daqueles primeiros discípulos que anunciaram ao mundo o Evangelho de Cristo". Adiantam os mesmos pastores:

Cum igitur adeo magnum sit patrimonium spirituale Christianis et Iudaeis commune, Sacra haec Synodus mutuam utriusque cognitionem et aestimationem, quae praesertim studiis biblicis et theologicis atque fraternis colloquiis obtinetur, fovere vult et commendare.

O texto latino deve ser apreciado pelos que se recusam a seguir o ensino conciliar. A nossa língua assim traduz o trecho:

Sendo, pois, tão grande o patrimônio espiritual comum aos cristãos e judeus, este sacrossanto concílio quer fomentar e recomendar a ambas as partes mútuo conhecimento e apreço, que poderão ser obtidos principalmente pelos estudos bíblicos e teológicos e ainda por diálogos fraternos.

Comparemos o mandamento dos padres conciliares, com endosso do Sumo Pontífice, e as falas do arcebispo de Porto Alegre. Dom Dadeus Grings anuncia, em tom solene: "morreram mais católicos do que judeus no holocausto, mas isso não aparece porque os judeus têm a propaganda do mundo"[13]. Retornemos ao texto do Concílio. Qual ser humano que pensa, com prudência, assimilaria a sentença do bispo ao "mútuo conhecimento e apreço"? Se, como afirma o pastor de Porto Alegre, os judeus são os donos da propaganda mundial (na era nazista, eles eram acusados, além daquele defeito, de serem os monopolistas das finanças planetárias), sua fala e seus atos entrariam no terreno da mentira, da plena dissimulação tendo em vista o engodo. Apreço? A frase do antístite, além de caluniosa, retoma litanias que finalizaram em Auschwitz e outros campos do inferno, anunciados na dantesca Noite dos Cristais.

Mas o sofisma, subjacente à calúnia, é ainda mais cruel: "morreram mais católicos do que judeus no holocausto". Dom Grings aprendeu, no seminário, parece,

13. *Revista Press*, retomada em entrevista do jornal *Zero Hora*, 26.3.2009.

as lições da lógica tomista. A definição deve conter o definido, e apenas o definido. Ela deve ser precisa, evitar a generalização, ser própria e não confundir o definido com uma de suas espécies; ela deve ser positiva. A "morte", na sentença episcopal inclui, ao mesmo tempo, as ocorridas na guerra e no genocídio. Os soldados, no açougue das potências europeias, foram dirigidos para o morticínio porque defendiam ou atacavam interesses de governos. Civis assassinados entram nos cálculos monstruosos dos dirigentes. Dado importante: dos soldados de Hitler, apenas sete católicos se declararam contra as batalhas, por motivo de consciência[14]. Tiveram os católicos a oportunidade de mostrar pacifismo. Instruídos pelos bispos germânicos, em 1933, eles seguiram o *Führer* e se colocaram "à sua disposição de todas as formas". Morte em guerra e morte em genocídio são realidades distintas, que devem ser definidas de modo rigoroso. Unir as duas coisas é fruto de pouca maestria na definição, ou de maestria demasiada no sofisma.

Agora, vejamos como o responsável pela Diocese de Porto Alegre se coloca no plano da sua própria Igreja. Bispo (do grego *episkopos*, "vigilante", que deriva de *episkeptomai*, "observar"), na ordem cristã, é o encarregado de estabelecer a ponte entre Deus e os homens. O papa, vigário do Senhor, vigia e defende a comunidade inteira dos fiéis. A função episcopal leva uma pessoa à tarefa de sentinela do sagrado, contra as ameaças do maligno, "leão a rondar a presa": quem "nasce de Deus não peca; mas aquele que foi gerado por Deus guarda-o e o

---

14. Eric Voegelin, *Hitler e os Alemães*, São Paulo: É Realizações, 2008.

maligno não lhe toca" (*1João* 5,18). A hierarquia, no catolicismo, surge da tradição judaica, exposta no Antigo Testamento. Quando Jesus (um judeu) escolhe o líder de sua grei, ele muda o nome de Simão-bar-Jonas (outro judeu). Abrão recebera o nome de Abraão (*Gênesis*, 17, 5), Jacó foi chamado Israel (*Gênesis* 32, 28) e temos outros exemplos bíblicos. A mudança de nome indica nova dignidade do escolhido para liderar o povo rumo às sendas seguras. O primeiro pastor universal, Simão-bar-Jonas, teve o nome substituído por *Kepha* (pedra, na semântica grega) vindo a ser Pedro (*Mateus*, 16, 18).

A missão de vigiar e proteger os fracos do mundo, os *anavim* (pobres, humildes, mansos), exige prudência e misericórdia. O próprio Jesus se definiu como *anavim* e ordenou: "Aprendei de mim, que sou manso e humilde de coração" (*Mateus* 11,29); e também, como consequência, proclamou o Senhor: "Bem-aventurados os pobres em espírito porque deles é o Reino" (*Mateus* 5,3). Das práticas ensinadas por Ele, algumas se dirigem mais diretamente aos pastores: "Vós sois o sal da terra. Se o sal perde o sabor, com que lhes será restituído o sabor? Para nada mais serve senão para ser lançado fora e calcado pelos homens. Vós sois a luz do mundo. Não se pode esconder uma cidade situada sobre uma montanha, nem acender uma luz sobre o candeeiro, a fim de que brilhe a todos os que estão em casa. Assim brilhe vossa luz diante dos homens para que vejam as vossas boas obras e glorifiquem vosso Pai que está nos céus!" (*Mateus*, 5,13-15)

Um pastor que não exerce vigilância, não ilumina, não salga, serviria apenas para ser jogado no oblívio dos homens. Mas, infelizmente, não é assim que se passa na

Igreja e no mundo. Não raro, a memória dos bons pastores é esmaecida pela recordação dos péssimos, que se uniram aos lobos contra as ovelhas. O mesmo Pedro negou Jesus três vezes. Cristo, para sentir o seu arrependimento e compromisso com a missão redentora, lhe perguntou também três vezes: "Tu me amas?" (*João*, 21, 15-17). À tríplice resposta positiva, Jesus lhe concedeu o múnus santificado: "Apascenta minhas ovelhas" (*João*, 21, 17).

A memória de Pedro, de Agostinho e de seus pares, repercute em papas como João XXIII, cuja força e coragem exigiram dos bispos, no Vaticano II, o reconhecimento da fraternidade com os filhos de Israel. Não foi tarefa leve conseguir tal feito. Muitos pastores ainda retinham no coração e na mente o antissemitismo que incentivou os alemães a colaborar com o genocídio de seis milhões de israelitas. Pouco depois da ascensão nazista, março de 1933, a Igreja Católica alemã, em uníssono com a luterana, convidou os crentes a obedecer ao *Führer* e "a estar à sua disposição de todas as formas"[15].

De todas as formas: na guerra e na repressão aos democratas, nos campos de extermínio e nas SS, na missão outorgada pelo antipastor, que não amava as ovelhas, em especial as judaicas, tidas por ele como indignas da vida. O bispo de Porto Alegre, Dom Dadeus Grings, acha que não foram mortos seis milhões de judeus, mas "apenas" um milhão. Santo homem! Ele retorna aos velhos tempos anteriores ao Vaticano II, quando na missa se rezava "pelos pérfidos judeus". Onde, pois, o diálogo? Onde o cuidado com as ovelhas, sobretudo as mais fracas? Estranho modo de seguir os preceitos da *Mater et Magistra!*

---

15. E. Voegelin, op. cit., p. 245.

NINGUÉM IMAGINA QUE OS PROBLEMAS EXISTENTES NO PERENE conflito entre judeus e palestinos é simples. O maniqueísmo não tem lugar em matérias históricas gravíssimas que se originam, entre outros elementos, no domínio europeu no Oriente Médio, com o colonialismo virulento que no século XX mostrou frutos venenosos. Não é invertendo o quadro, ao tentar definir a culpa do lado judeu e a pura inocência no campo palestino, que o problema pode ser pensado. Batalhas como a recente, para o controle da faixa de Gaza, mostram não ter desaparecido a razão de Estado gerada no século XVII, e cujas raízes penetram as sombras das eras. O poder estatal promete a proteção da vida aos subordinados. Em troca, exige a sua morte. A barganha designa o "monopólio da força física", sobre o qual muitos juristas tagarelam sem captar o seu tremendo sentido.

Com a moderna política, cada indivíduo só tem segurança se estiver integrado no corpo estatal. Em Hobbes, o cidadão perde o direito de seguir a sua consciência contra o Estado. A ficção do pacto diz que todos assumem a sujeição comum ao soberano.

A personalidade inteira do povo passa sem reserva alguma à do soberano, seja esta a personalidade física de um indivíduo, seja ela a personalidade artificial de uma assembleia. Só nesta última e por esta última o povo é pessoa, enquanto é apenas uma simples multidão sem ela e, portanto, não pode ser pensado como sujeito de qualquer direito diante do soberano[16].

Hobbes traduziu a *História da Guerra do Peloponeso* e o episódio central nas teorias sobre a razão de Estado[17]. No Livro Quinto dessa obra de Tucídides, lemos que a ilha de Melos deseja a neutralidade na luta entre as potências gregas. Os líderes de Atenas lhe impõem um interrogatório com o objetivo único: Melos deve se entregar. Em Tucídides, discursos possuem sentido bélico, basta saber os intentos de quem os pratica. Hobbes utiliza a sua lição, pois é vital interpretar o desejo do oponente.

Os de Melos escutam a dura razão de Estado:

Não usaremos belas frases, não diremos que nosso domínio é justo [...] de sua parte, não digam que recusaram o nosso lado porque são colonos de Esparta ou porque lhes fizemos algum mal [...] sabemos e vocês sabem, tanto quanto nós, que a justiça só é levada em conta quando a necessidade é igual. Sempre que uns possuem mais força e podem usá-la como puderem, os mais fracos arrumam-se nestas condições, como podem[18].

16. Otto Gierke, *Natural law and the theory of society, 1500 to 1800*, Boston: Beacon Press, 1960, p. 266-269.
17. Cf. Thomas Hobbes, *The Peloponnesian War*, Chicago/London: The University of Chicago Press, 1991.
18. Ainda hoje, o comentário clássico do episódio é feito por Friedrich Meinecke. A referência é a tradução francesa de Maurice

M. Walzer[19] indica que ambas, Melos e Atenas, estavam sob o jugo da necessidade. A última devia aumentar o império ou perder terras dominadas. A neutralidade de Melos ergueria rebeliões contra Atenas. Para os Estados em guerra, a lei é dominar ou submeter-se. Por necessidade de natureza (termo usado por Hobbes para descrever a guerra de todos contra todos), os coletivos precisam aumentar suas terras e poder. Melos prefere ser livre e insiste: a luta será vencida por Fortuna ou Força.

Em se tratando da Fortuna, não seremos inferiores, pois temos os deuses de nosso lado, somos inocentes em luta contra homens injustos. Quanto à Força, o que nos falta será suprido por nossa liga com os espartanos os quais, por necessidade, são obrigados, por laços de sangue ou pela sua honra, a nos defender.

Resposta ateniense:

Quanto ao favor divino, nós o esperamos como vocês [...] os deuses seguem a opinião comum e os homens pensam que alguns, por necessidade de natureza, reinam em toda parte, segundo a força que tiverem. Não fizemos tal lei e nem somos os primeiros a usá-la; mas a encontramos e a deixaremos para a posteridade, para sempre. Assim a usamos, sabendo que vocês também a usariam, e outros que tivessem o mesmo poder que possuímos.

Quanto aos espartanos, sem interesse próprio nada é feito por um povo em favor de outro. Melos não se rende, os atenienses atacam, Esparta não ajuda os sitiados. Em 416 a.C., a cidade é tomada. Os atenienses matam os

Chevalier: *L'Idée de la raison d'état dans l'histoire des temps modernes*, Genève: Droz, 1973, p. 31 e s.

19. *Just and Unjust Wars: A Moral Argument with Historical Illustrations*, New York: Basic Books, 2000.

homens em idade militar e vendem mulheres e crianças, povoam a ilha para onde remetem quinhentos colonos. Os termos usados por Tucídides e traduzidos por Hobbes, consistem nos mesmos que o Renascimento sublinha na luta pelo domínio e instauração do poder: *força, necessidade, fortuna.* Tais palavras se espalham em Maquiavel e nos seus contemporâneos. Hobbes as conhecia e as usou.

As batalhas de Gaza mostram que o mundo vive sob o signo de Hobbes, de Tucídides e Maquiavel. Resta identificar os interesses envolvidos. Quem decide? Os deuses, a força, o direito? A razão de Estado ensandeceu há muito tempo. Para decidir conflitos como o de Gaza, seria preciso ouvir o coração, cujas razões a fria razão desconhece.

VOLTEMOS À QUESTÃO DO ÓDIO AOS JUDEUS NO CATOLICISMO. No mundo político, estético, econômico, temos e tivemos exemplos de católicos cuja atitude diante dos filhos de Israel é tudo, menos conforme as ordenações de Jesus, um judeu. Com maior ou menor profundidade ou aspereza, escritores de cultura católica mergulham a pena na tinta do ódio para combater as formas judaicas de vida e de pensamento. Um caso privilegiado é o de Carl Schmitt, católico que durante certo tempo, por uma questão disciplinar (seu divórcio), foi excluído da comunhão eclesial[20].

20. Schmitt foi católico de cepa conservadora, antes de aderir ao nazismo. Seu ódio racista tem raízes teológicas, exprime uma forma de pensar relevante na Igreja durante séculos. Até pouco tempo atrás, poucos comentadores analisaram este prisma dos seus escritos e atos. Entre os analistas, papel saliente é desempenhado por Heinrich Meier em *The Lesson of Carl Schmitt, four chapters on the distinction between Political Theology and Political Philosophy,* Chicago/London: The University

Diante das doutrinas jurídicas de Carl Schmitt, que mostram elos inequívocos com práticas genocidas, é obrigação ética o exame dos textos, sem o direito de elogiar seus pressupostos e conclusões. O antissemitismo de Carl Schmitt requer tal atitude deontológica. Médicos, juízes, professores universitários, advogados, pesquisadores das ciências sociais, se profissionais competentes, conhecem a eugenia e a política assassina do nazismo, defendidas por militantes ignaros ou intelectuais. A culpa dos últimos é mais grave. No caso de C. Schmitt, ninguém pode elogiar suas doutrinas, calando o incitamento ao genocídio nelas explícito. Bom número de universitários, jornalistas e partidos de esquerda aplaudem, em nome da luta contra a corrupção, pronunciamentos favoráveis ao jurista mais notório do nazismo. Para citar Walter Benjamin, se não mantivermos a memória acesa, "nem os mortos estão

of Chicago Press, 1994. Olivier Beaud, em amplo exame realizado no Prefácio à tradução francesa da *Verfassungslehre* de Schmitt, apresenta a íntima conexão entre o catolicismo e o decisionismo do jurista, com as premissas antissemitas de sua doutrina (Carl Schmitt ou le juriste engagé em Carl Schmitt, *Théorie de la Constitution,* Paris: PUF, 1993). Ao responder às críticas de um pensador como Jacques Maritain, horrorizado pelo seu "realismo" (que recorda muito os discursos do Grande Inquisidor), Schmitt ataca o que julga o lado mais lamentável de Maritain (este teria como pecado mortal o casamento com "a firme judia Raïssa Maritain"). Só por este fato, pensa Schmitt, Maritain seria um "homem perverso e nefasto". Todas as informações sobre o ponto, que mostra ser o jurista um escritor que radicaliza o racismo católico, a partir de uma base garantida teologicamente por Autoridades da Igreja (a começar com Santo Agostinho) podem ser encontradas no escrito citado de Olivier Beaud.

seguros". Quem sofre na carne o preconceito racial não tem o direito de ignorar o que significa Schmitt na história do Direito e das ideologias. Ernest Bloch, autor do livro *O Princípio Esperança*, o situa entre "as prostitutas do absolutismo que se tornou completamente mortífero, do absolutismo nacional-socialista"[21]. Schmitt uniu as formas legais nazistas e as ditaduras que a SA (destruída por Hitler e trocada pela Gestapo) impuseram à Alemanha. Para conhecer o seu pensamento, examinemos os textos por ele escritos, mesmo que tal mister exija a máscara contra gases fétidos.

Nos últimos vinte anos Schmitt se tornou o patrono da esquerda e dos que renovam o fascismo[22]. Sua leitura raramente é feita em primeira mão, os axiomas que ele inventou chegam aos catecúmenos por propagandistas como Giorgio Agambem e outros. Ignorando sua atividade efetiva, não o lendo diretamente, muitos transmitem ao coletivo o seu antissemitismo totalitário.

Yves Charles Zarka[23], autor de pesquisas essenciais sobre Hobbes (cujos textos são usados por Schmitt para combater a democracia) e a razão de Estado, desmascara, ao mesmo tempo, Schmitt e a esquerda que hoje o assume. Cito o juízo de Zarka:

Existia uma corrente pró-schmittiana de extrema direita. O que não é surpresa. Schmitt é reivindicado pela ala a que ele pertenceu.

21. *Droit Naturel et Dignité Humaine*, Paris: Payot, 1976, p. 57.
22. Cf. J. W. Müller, *A Dangerous Mind, Carl Schmitt in Post-War European Thought*, Yale: University Press, 2003.
23. Editor de estudos estratégicos sobre o filósofo inglês e sobre a razão de Estado. Cf., entre muitos, Yves Charles Zarka, *Raison et déraison d'État*, Paris: PUF, 1994.

Mas é nova a adesão às teses de Schmitt entre intelectuais da esquerda ou extrema esquerda. Era impossível em 1960 ou 1970 que tais setores se referissem a um pensador ligado ao nazismo, mas hoje ocorre o contrário. Como entender a sedução do pensamento de Schmitt entre os intelectuais de esquerda? A razão principal, creio, é a crise profunda do pensamento de esquerda pós-marxista. Como o pensamento marxista caiu na indigência, perdeu todo crédito, é incapaz de suscitar a menor adesão intelectual, bom número de teses schmittianas surgem como tábua de salvação. É como se Schmitt fornecesse a versão renovada, revigorada, expressa em outros termos, de teses e temas antes mantidos no pensamento e no combate marxistas. Assim ocorre na crítica ao liberalismo, parlamentarismo, representação política, formalidade dos direitos humanos, no tema central da luta ou da guerra na história, na questão do inimigo (de classe, estrangeiro) etc. Em tais pontos, Schmitt parece suscetível de tomar o bastão de Marx [...] para defender as mesmas posições ou combater os mesmos adversários [...]. O mesmo jurista, hoje guru de uma parte dos intelectuais, conduziu décadas antes os que o seguiam, repetindo o grande jurista alemão E. Kaufmann, "para a lama do niilismo e de sua variante nacional-socialista[24].

Schmitt usa frases rápidas e um estilo dito "elegante" por seus acólitos, que geram persuasão capaz de obnubilar a mente dos jejunos em sofística. Mesmo W. Benjamin já sofrera os seus encantos no livro *A Origem do Drama Barroco Alemão*. Naquele escrito, o conceito de Schmitt sobre a ditadura é acolhido como se não fosse um pilar do previsível Estado nazista. Benjamin não problematiza o enunciado que reza ser "soberano, quem decide sobre o estado de exceção". Outros empréstimos de Schmitt são visíveis naquele escrito[25]. Mas o seu cochilo

24. *Un détail nazi dans la pensée de Carl Schmitt*, Paris: PUF, 2005, p. 92-93.
25. Cf. Horst Bredekamp: From Walter Benjamin to Carl Schmitt, via Thomas Hobbes, *Critical Inquiry*, n. 25, The University of

é inocente perto das asserções, de rara leveza ética, redigidas por Agambem e pares sobre os poderes democráticos, por eles incluídos na "exceção".

Schmitt é racista e sua maneira de pensar não pode ser aproveitada para invalidar o Estado e a sociedade onde vigoram os direitos humanos. A democracia tem falhas, mostradas por Platão e Hobbes. Se resistiu aos ataques daqueles pensadores, as fórmulas de Schmitt estão longe de aniquilar as noções de Constituição e de Estado de direito. Com seus artifícios, ele não efetuou a tarefa de coveiro da liberdade. Foi preciso o Holocausto para levar sua missão ao fim genocida. Quem deseja controlar todos os passos necessários para semelhante análise leia, ou releia, o texto de Schmitt intitulado *Estado, Movimento, Povo*[26].

Schmitt indica três elementos da unidade política: o Estado, o movimento nazista, o povo alemão. E parte

Chicago Press, Winter, 1999. Recordemos a carta remetida por Benjamin a Schmitt, com um presente, o volume do livro *A Origem do Drama Barroco Alemão*, que depende do texto de Schmitt "Teologia Política": "O senhor verá, rapidamente, o quanto este livro lhe deve, na sua exposição da doutrina sobre a soberania no século 17". Citado em Michael W. Jennings (e outros): *Walter Benjamin, Selected Writings*, v. 2, parte 2, 1931-1934, p. 839. "O príncipe responsável pela decisão de proclamar o Estado de Emergência revela, na primeira oportunidade, que ele é quase incapaz de decidir". (tradução inglesa da *Origem*, London: Verso, 2003, p. 71. Aliás, Benjamin indica, no mesmo contexto da decisão (o conceito chave de Schmitt para definir a ditadura e depois para defender a ditadura hitleriana), o acordo de G. Lukács no tocante ao mesmo conceito. Cf. na edição citada, p. 108.

26. *Staat, Bewegung, Volk*, Hamburg: Hanseatische Verlagsanstalt, 1933; tradução italiana: *Principii politici del nazionalsocialismo*, Firenze: G. S. Sansoni, 1935.

em guerra contra a noção de uma universalidade política. Ele ataca a igualdade legal dos componentes sociais e políticos do Estado. Mesmo a ideia de *Allgemeine Staatslehre* (doutrina geral do Estado) é por ele rechaçada como presa ao pretérito liberal da Europa. A própria palavra *Allgemein* (geral), diz ele, sugere um Estado de todos, incompatível com o nazista, apenas e tão somente dos alemães legítimos. Ao dizer "povo", Schmitt visa o alemão de raça ariana, à exclusão dos que, mesmo com a nacionalidade formal alemã, pertenceriam a outras etnias. Judeus, ciganos, negros, turcos, árabes seriam alheios e inimigos do povo tedesco. É preciso cuidado com a palavra "povo" nos escritos schmittianos. Brasileiros não alemães, por exemplo, estão expulsos de sua definição do povo. Aplicar o termo ao Brasil e à sua Carta Magna, além de um erro na exegese do autor, é temeridade ética e política.

Segundo Schmitt, cada um dos itens (Estado, Movimento, Povo) poderia exprimir "a unidade política" do nazismo: "O Estado no sentido estrito como parte político-estática, o movimento como o elemento político dinâmico, o povo como elemento não político que se desenvolve e cresce sob proteção e à sombra das decisões políticas". O movimento, continua o autor, pressiona e lidera o Estado e o povo. A liderança que define o movimento é algo próprio do nazismo. Com essa noção tripartite, Schmitt nega os ritos da justiça conhecida em todos os regimes políticos anteriores ao nazismo, mesmo no Estado absoluto. É conhecida a história do moleiro que processou o rei prussiano. E ganhou a causa. Schmitt alerta para que decisões políticas jamais cheguem às cortes de justiça, porque, no seu entender, a igualdade das partes, inerente ao devido processo legal, permitiria atividades "do inimigo aberto ou oculto do Estado Novo"[27]. Teratologias assim são a regra em Schmitt.

O jurista queria o Estado livre das cortes de Justiça para evitar que os governantes pudessem ser questionados. Ele não é único na faina de negar à cidadania o direito de obter reparações ou impedir atos ilegítimos. Reinhard Höhn, seu protegido e depois concorrente no poder nazista, também ele jurista, concorda que seria perigoso levar o Estado e o movimento ao devido processo legal. Ambos atacam Georg Jellinek porque este teria reduzido o Estado à personalidade abstrata para garantir direitos públicos aos indivíduos. No entender de Höhn, "O Estado como pessoa legal e o conceito de comunidade se excluem mutuamente"[28].

Schmitt não se limita às receitas de teratologia jurídica, fartas em demasia no presente nazista. Ele busca investir suas teses na história do Estado alemão. No escrito *Staat als ein konkreter, an eine geschichtliche Epoche gebundener Begriff* (O Estado como Conceito Concreto, Adstrito a uma Época Histórica)[29], ele discute as formas de direito público e a soberania desde o século XVI, e proclama ter chegado o fim do Estado como organização política geral. Desde a instauração nazista, o povo é a forma da unidade política. E vem a sua definição do nacional-socialismo: "identidade racial incondicional (*Artgleichheit*)

27. Idem, p. 21.
28. Cf. Peter M. R. Stirki, *Twentieth-century German Political Thought*, Edinburgh: University Press, 2006, p. 90.
29. In *Verfassungsrechtliche Aufsätze aus den Jahren, 1924-1954*, Berlin: Duncker & Humblot, 1958.

entre o líder e o séquito (*Gefolgschaft*)". Schmitt entende "raça" no sentido vulgar[30].

Como indica M. Stolleis, juiz e pesquisador do Direito, depois de 1933 "ninguém foi mais rápido ou mais competente em suprir o novo regime com slogans" do que Schmitt. Ao analisar *Staat, Bewegung, Volk*, Stolleis afirma:

> Schmitt distingue o aparato burocrático e militar de comando (Estado), do partido do Estado (o movimento), que seguem rumo a uma via similar, visando um só ponto e o "povo" organizado em unidades autônomas, incluindo as igrejas. A lei definida pelo Estado se tornou agora puro instrumento. A legalidade, que antes mediou a legitimidade, foi amesquinhada a um "modo funcional do aparelho burocrático do Estado"[31].

Termina Stolleis: "Com o *Estado, Movimento, Povo*, Schmitt articulou a trindade que invadiu todo o aparelho de propaganda do regime".

"Povo", é preciso repetir, inclui apenas os arianos. Tal coletivo é protegido pelo Estado nazista com força física e leis excepcionais. Assim ocorreu com a lei de 14 de julho de 1933, que autoriza a esterilização em casos de imbecilidade hereditária, esquizofrenia, loucura depressiva, epilepsia hereditária, dança de São Guido, cegueira hereditária, surdez idem, grave deformação física. Algo pior surgiu com as leis de Nuremberg. Os decretos eugênicos se detinham no pretenso saber científico. As leis de Nuremberg definiam a cidadania em termos raciais e nomeavam o inimigo de raça, o judeu. Aqui importa ler (falo sempre para os honestos que não vivem do ouvir

---

30. Cf. *Staat, Bewegung, Volk*, op. cit., p. 42.
31. Cf. Michael Stolleis, *A History of Public Law in Germany, 1914-1945*, Oxford: Oxford University Press, 2004, p. 340.

falar nem de slogans) os livros de Franz L. Neumann[32] e de Raul Hilberg[33]. Schmitt segue a diretiva posta em *Mein Kampf*. "O alvo supremo deve ser a expulsão total dos judeus". Hitler fala em exterminar (*Vernichtung*) e mesmo em uso de gás contra eles. A sorte da Primeira Guerra Mundial, segundo o futuro *Führer*, seria outra se, no fronte, em vez de soldados, dez ou quinze mil hebreus tivessem sido expostos aos gases asfixiantes. Schmitt/Hitler foram eficazes. Mataram milhões de judeus.Não é possível atribuir inocência a quem elogia a eutanásia ou o genocídio. Na Alemanha nazista ou no Brasil de hoje, pregar aquelas medidas é crime. Se alguém usa conceitos genocidas e diz ignorar o seu significado, exibe incompetência para exercer cargos públicos. Se os utiliza e conhece os sentidos neles presentes, o crime é maior. Schmitt exibe antissemitismo, traduziu aquela ideologia em textos jurídicos postos em leis. Ele ajudou a estabelecer a exclusão social e biológica que gerou o Holocausto.

Em 1938, os judeus foram obrigados a acrescentar ao seu nome o título de "Sara" ou "Israel". Como indica Yves Charles Zarka, desde 1936, em discurso intitulado *A Ciência Alemã do Direito na Luta contra o Espírito Judeu*[34], Schmitt inventa a purificação racial da escrita jurídica. Devem ser evitadas, diz ele, referências aos autores judeus. Se for impossível cortar o nome, se acrescente o adjetivo "judeu". No escrito, *O Leviatã na Teoria do Estado*

32. *Behemot: The Structure and Practice of National Socialism*, Oxford: University Press, 1944.
33. *La Destruction des Juifs d'Europe*, Paris: Arthème Fayard, 1988.
34. Die deutsche Rechtswissenschaft im Kampf gegen den jüdischen Geist, *Deutsche Juristen Zeitung*, XLI, n 1, p. 15-21.

de Tomas Hobbes[35], ele usa a identificação recomendada e cita "um sábio judeu, Leo Strauss", "Spinoza, o primeiro judeu liberal", "o judeu Mendelssohn" etc.

Se era impossível impedir que os filhos de Israel usassem a língua alemã, mais difícil o combate para que eles fossem excluídos do território. O judeu, na ideologia nazista, é inimigo externo e interno, penetra na alma alemã e conspira contra o Reich nos países liberais como a França, a Inglaterra, os EUA. O judeu é, para Schmitt, um inimigo estratégico. Desde *O Conceito do Político*[36] Schmitt dá o tom: "Os conceitos de amigo e inimigo devem ser tomados na sua significação concreta, existencial, não só como metáforas ou símbolos". A essência do político está no conflito extremo, com a morte do adversário. O inimigo, para o nazismo e para Schmitt, é o judeu. O conceito de inimigo, bem como o de decisão, povo, movimento, estado de exceção, ditadura, são comuns ao nazismo e a Schmitt como pares siameses. É má fé ou ignorância tentar separá-los para aplicá-los em contextos diferentes do totalitário.

O jurista faz suas as leis de Nuremberg. Quando aquela teratologia jurídica foi editada, Schmitt já detinha cargos importantes no Estado nazista. Göring o nomeou para o Conselho de Estado da Prússia, onde partilhou o espaço com Himmler e outros dignitários do regime. Em 1933, é professor titular de direito público em Berlim. No mesmo ano ele publica *Estado, Movimento, Povo*. Em

35. *Der Leviathan in der Staatslehre des Thomas Hobbes*, Stuttgart: Klett-Cota, 1938.
36. *Der Begriff des Politischen*, Berlin: Duncker & Humblot, 1963 (text von 1932 mit einem Vorwort und drei Corollarien [texto de 1932, com um prefácio e três acréscimos]).

1934 dirige o *Deutsche Juristen Zeitung*, órgão oficial do direito nacional socialista. E publica *O Führer Protege o Direito*, onde justifica Hitler depois da "Noite dos Longos Punhais". Eis o estilo schmittiano:

> O Führer executa verdadeiramente os ensinamentos extraídos da história alemã. Isto lhe dá o direito e a força para fundar um Estado Novo e uma Ordem Nova. O Führer protege o direito contra o pior uso abusivo, no instante do perigo, ele legisla diretamente em virtude de sua qualidade de *Führer* e de suprema autoridade judiciária[37].

É possível usar em nossos dias os conceitos de Schmitt como se fossem universais? Minha resposta é negativa.

Afirmar que um nazista inspira formas democráticas é tão desprovido de significação quanto dizer que *Minha Luta* gera direitos humanos. Mas intelectuais europeus e norte-americanos de hoje jogam ao público a armadilha envenenada. Exemplo nauseante: ao escrever sobre o estado de exceção, certo comentarista afirma que o conceito "se relaciona com a preservação do Estado e defesa do governo legitimamente constituído e das instituições permanentes da sociedade". E argumenta que a "exceção é diferente da anarquia e do caos. Ela é uma tentativa para restaurar a ordem. Os excessos bárbaros e o puro poder arbitrário não constituem o objeto de Schmitt"[38]. O comentário afirma que Schmitt é conservador, mas seu "pensamento se distingue do fascismo e do nazismo em sua subordinação de todas as instituições sociais a entidades idealizadas como o Líder do povo. Porque, segundo

37. Der Führer schützt das Recht, *Deutsche Juristen Zeitung*, XXXIX, n 15 p. 945-950.
38. Nosso comentarista cita *O Conceito do Político*.

Schmitt, a exceção nunca é a regra, como ocorria com o fascismo e o nazismo"[39]. Distinções como a indicada denunciam muito fortemente a retórica que se propõe justificar o injustificável. É afirmado, como dogma, que Schmitt nada tem a ver com o Holocausto e demais violências bestiais do nazifascismo. No fundo, no entanto, a tese que resiste sempre, naquelas armações escriturais, é a suposta culpa dos judeus. Estes seriam os verdadeiros perseguidores, jamais os perseguidos.

Mas se observarmos os movimentos políticos, nacionais e internacionais, veremos os judeus sempre postos nas vanguardas das lutas em prol da vida democrática e livre. É isto que neles não é perdoado pelos católicos autoritários e antissemitas e pelos adeptos dos totalitarismos.

---

39. Cf. P. Hirst, Carl Schmitt's Decisionism, em Chantal Mouffe (ed.) *The Challenge of Carl Schmitt*, London/New York: Verso Ed., 1999, p. 12.

NOTÍCIAS DAS AGÊNCIAS INTERNACIONAIS INDICAM QUE 78% de judeus votaram, nas últimas eleições presidenciais norte-americanas, em Barack Hussein Obama. O fato derruba os argumentos falaciosos dos antissemitas, militantes daquele país e do nosso, contra os filhos de Israel. Com base em calúnias antigas, cujo paradigma é o forjado "Os Protocolos dos Sábios de Sião", aqueles setores tentam separar a luta dos judeus das conduzidas por negros e demais vítimas do racismo. A história da esquerda antissemita tem muitos anos atrás de si. Basta recordar o que foi praticado contra médicos judeus no entardecer da tirania stalinista, quando o dono do proletariado soviético inventou processos contra profissionais da saúde, em 1953, apenas dois meses antes de morrer. Quem deseja mais informação e for honesto intelectualmente (tal virtude falta em muitos líderes e intelectuais da nossa esquerda, ávida de maniqueísmo) leia o livro pungente de Vladimir Naumov e Jonathan Brent: *Stalin's Last Crime, the Plot Against the*

Jewish Doctors, 1948-1953[40.] Com apoio em documentos abertos ao público após a queda da urss, os autores mostram as raízes nauseantes do antissemitismo gerido pelo Kremlin, espalhado por todos os partidos comunistas sob suas ordens, inclusive no Brasil.

Nos governos brasileiros de hoje, dos municípios ao plano federal, muitos grupos foram aleitados no ódio ao povo judeu, sob o disfarce de antissionismo. Para dissimular uma ideologia assassina, aqueles operadores do Estado proclamam não sentirem a paixão que levou alemães e eslavos à indiferença ou mesmo apoio diante do Holocausto. Mas quando instalados em postos estratégicos, eles tudo empreendem para destruir o Estado de Israel, fonte de segurança e promessa de que não haverá novo genocídio contra os judeus. É assim que devemos prestar atenção ao alerta da B'nai B'rith brasileira, transcrito abaixo. Pessoalmente, apoio com todas as forças o seu protesto.

Aproveito para anotar o manifesto da B'nai B'rith do Brasil, sobre os elos entre o atual governo brasileiro e o Irã, sem maiores comentários, porque estes são dispensáveis, diante da percuciência do texto. "Brasil e Irã: Relações Perigosas?"

A B'nai B'rith do Brasil, entidade judaica de defesa dos Direitos Humanos, vê com preocupação a crescente aproximação dos governos do Brasil e do Irã. A visita do ministro das Relações Exteriores Celso Amorim ao Irã vai além do estreitamento dos laços comerciais. A visita tem sido acompanhada por uma comitiva de empresários com o objetivo de reforçar o comércio entre os países. Fato louvável e que todo governante deveria se preocupar constantemente,

40. New York: Harper Collins Publishers, 2003.

além de atuar para manter o seu país estruturalmente competitivo e com adequado nível educacional.

Acontece que o Presidente Iraniano sr. Mahmoud Ahmadinejad declarou a sua intenção e objetivo de destruir o Estado de Israel, um país legitimamente constituído e a única democracia atuante no Oriente Médio. Financia o movimento terrorista Hezbollah, situado no Líbano, e apoia econômica e politicamente outros movimentos de caráter fundamentalista islâmico. O Irã é acusado formalmente pela Argentina pelo atentado à AMIA – Associação Mutual Israelita Argentina, e à Embaixada de Israel que deixaram centenas de mortos e feridos.

O Irã tem se aproveitado dos desejos de alguns mandatários e seus assessores de confrontar os Estados Unidos e estabelecido relações "perigosas" para a democracia de nossa região latino-americana. O governo iraniano hoje persegue as minorias religiosas como os baha'is que são presos e torturados e considera crime, condenando com a morte, a conversão de um muçulmano ao catolicismo ou a qualquer outra religião. A política do pragmatismo econômico, a expansão dos negócios, não pode fechar os olhos a esta realidade. O Brasil democrático e pluralista não tem porque não sustentar e promover os seus grandes valores de uma sociedade integradora e promotora da paz.

Abraham Goldstein,
copresidente da B'nai B'rith do Brasil

É tempo, pois, de examinar a fundo o antissemitismo brasileiro de esquerda, que no poder se cobre com o manto do realismo comercial. Depois da catástrofe, será muito tarde.

APÓS VERIFICAR ALGUNS PRISMAS DO ANTISSEMITISMO CATÓLICO na Europa, passemos ao Brasil. Não existe imprensa religiosa sem o controle da hierarquia da Igreja. A regra vale para o nosso país em 1934. O Tratado de Latrão e a Concordata de Império fazem da Igreja uma aliada dos regimes liderados por Mussolini e Hitler. A concordata com o governo nazista surge em 1933. Os religiosos brasileiros liderados pela hierarquia eclesiástica, no esquema da Ação Católica, em 1934 ostentam atitude simpática diante do poder totalitário. A revista *A Ordem* (dirigida por leigos mas sob a tutela e censura dos bispos) escreve no Editorial do número 47 (p. 77) contra os judeus e em favor de Hitler. No entender do editorialista, a perseguição antissemita não passa de "mistificação" devida a uma "conjura" dos judeus contra Hitler, com o alvo de "impedir que o nacional--socialismo" assegure o poder:

Já se havia dito que o êxodo dos judeus em massa, da Alemanha, obedecia a um plano político organizado contra o partido

49

de Hitler. Malgrados, porém, esses propósitos, graças ao patriotismo do povo alemão, os judeus vão desistindo da sua conjura, e retornam às antigas atividades que exerciam [...] submissos às leis do país[41].

O antissemitismo segue, em articulistas da revista, o elogio da ditadura. "A nossa hora é a Hora da Força. Os governos, ou são discricionários e absolutos, como na Rússia, na Itália, na Alemanha e nas infinitas ditaduras secundárias [...] ou tendem para a ditadura, como nos Estados Unidos; ou vivem em crises intermináveis, e são liberais, como na França e na Inglaterra"[42]. Alguns, como Perillo Gomes, criticam a violência nazista e o racismo, mas apoiam o uso da força para combater os movimentos subversivos[43]. Outros, como Julio Sá, criticam o racismo, mas afirma que "no fundo do fascismo, como do nazismo" existe o sinal do retorno do homem ao seu "verdadeiro destino".

A partir de 1938, o Estado totalitário mostra a face contrária à religião. Em Roma e no Brasil, a Igreja ensaia um passo atrás na concórdia diplomática e política anterior. No artigo "As Vitórias de Hitler", Perillo Gomes condena os nazistas. "Haja, porém o que houver, de uma coisa estamos seguros: só a Igreja tem por si a promessa de perdurar até a consumação dos séculos. Átila ou Hitler,

41. A citação do editorial, cujo título é Os Horizontes Clareiam, encontrei-a em Cândido Moreira Rodrigues, no livro *A Ordem, uma Revista de Intelectuais Católicos, 1934-1945*, São Paulo: Autêntica/Fapesp, 2005, p. 148.
42. J. Lourenço Oliveira, A Hora Inquieta que Vivemos, *A Ordem*, junho 1934, citado por Cândido Moreira Rodrigues.
43. A Limpeza Feita na Alemanha, *A Ordem*, 1934, citado por Cândido Moreira Rodrigues.

todos passam". Alceu Amoroso Lima em "O Nacionalismo Cristão" (*A Ordem*, outubro de 1938) condena o racismo e cita o *Führer*.

Assim se exprime o próprio Hitler, tomando como exemplo a nossa América: "A experiência histórica mostra com precisão assustadora que toda mistura de Arianos com povos inferiores traz como consequência o fim do povo portador de cultura [...] A América Central ou do Sul, na qual os conquistadores românicos se misturam com os indígenas [...] o resultado [...] é assim: a. abaixamento do nível da raça superior e b. decadência física e mental e, com isso, o início de uma enfermidade crescente!" (*Mein Kampf*)[44].

De 1934 a 1938, a posição mudou? Como a revista, dirigida de fato pela hierarquia eclesiástica, publica artigos sobre "conjuras judaicas" contra o bom Hitler e quatro anos depois enxerga o diabo no Terceiro Reich? Merleau-Ponty, em artigo intitulado "Fé e Boa Fé", sugere que os católicos sempre se dizem "culpados pelo pretérito, infalíveis no presente e inocentes quando se trata do futuro". No antissemitismo eclesiástico, esta lógica é a efetiva. Esperemos que a Igreja saiba anular os antissemitas dissimulados no redil. Afinal, não é muito recordar aos católicos que Jesus, sua mãe e seu pai, são judeus.

O semeador e o pregador é nome; o que semeia e o que prega é ação; e as ações são as que dão o ser ao pregador. Ter nome de pregador, ou ser pregador de nome não importa nada; as ações, a vida, o exemplo, as obras, são as que convertem o mundo. O

---

44. Todas as citações de *A Ordem* retirei-as de C. Moreira Rodrigues, no excelente livro acima citado.

melhor conceito que o pregador leva ao púlpito, qual cuidais que é? É o conceito que de sua vida têm os ouvintes[45].

Vejamos algumas ilações que podem ser extraídas do trecho citado, no qual Vieira distingue perfeitamente o semeador de paz do semeador de ódios.

A hierarquia católica é decisiva na plantação do ódio antissemita, sobretudo no século XX. Tal atitude dura até o desencanto com o nazifascismo. Quando a Cúria percebe que sua aliança com os regimes totalitários serve apenas a eles, começa o lento e gradual divórcio, cujos resquícios permanecem após a Segunda Guerra nas ditaduras de Franco e de Salazar. Razões de Estado ordenam o acordo de Latrão (em que é reconhecida por Mussolini a soberania papal sobre o Vaticano) e a Concordata de Império com Hitler em 20.7.1933. Nesta última, os sacerdotes são assimilados aos funcionários estatais. Vantagens semelhantes foram pagas com moeda infernal, algo talvez imprevisto por Pio XII, que assinou a Concordata antes de subir ao trono de Pedro. O Secretário de Estado Pacelli nota que os termos do texto são violados por Hitler e protesta, mas não há ruptura entre as duas potências, a espiritual e a secular. Surge a encíclica *Mit brennender Sorge* (Com Ardente Inquietação) que condena o racismo. Mas a maior denúncia do racismo deixa de ser publicada. Em 1938, Pio XI encomenda o projeto de uma encíclica sobre a unidade do gênero humano. O redator do texto é

45. Padre Vieira, Sermão da Sexagésima, Pregado na Capela Real, no ano de 1655, em *Sermões Escolhidos*, v. II, São Paulo: Edameris, 1965. Cf. o mesmo texto da Edameris na edição eletrônica disponível em: <http://www.cce.ufsc.br/~nupill/literatura/sexagesi.html>. Acesso em 22.nov.2008.

o padre John La Farge SJ, estudioso do racismo nos EUA. Na pesquisa para o projeto colaboram os padres Gustave Desbuquois (francês) e Gustav Gundlach (alemão), também da Companhia de Jesus. O trabalho é feito em 1938. Como a França e boa parte da Europa estão sob vigia, o padre Gundlach é denunciado à Gestapo por um zelador "espião" que operava nos círculos vaticanos. O padre é advertido: se entrasse na Alemanha, seria preso.

Instalado em Roma, o mesmo sacerdote denuncia, em 1.4.1938, na Rádio do Vaticano, o "falso catolicismo político" dos bispos austríacos e do cardeal Innitzer que declara apoio ao *Anschluss* (união Áustria e Alemanha): "Os responsáveis pelas almas e fiéis", diz Sua Eminência, "se alinham incondicionalmente atrás do grande Estado alemão e do *Führer*"[46]. Pio XI exige sua retratação, mas a semente foi lançada. Hitler, que o pontífice chama o "profeta do Nada" tem agora no seu redil, muitas ovelhas católicas tangidas pelos pastores.

O nome da encíclica seria *Humani generis unitas* (A Unidade do Gênero Humano) e denunciaria o nacionalismo racista e a guerra. São nela atacadas "a pretensa concepção dos antigos germanos" e a identificação entre Deus, raça e povo, Estado e governantes. A defesa dos judeus é fragílima no escrito, quase toda extraída de um artigo do padre Gundlach sobre o antissemitismo, publicado em 1930. A encíclica não foi publicada. Várias causas indicam a censura: fim do pontificado de Pio XI

---

46. Cf. Georges Passelecq (monge beneditino) e Bernard Suchecky (historiador judeu): *L'Encyclique caché de Pie XI: Une occasion manquée de l'Église face à l'antisémitisme*, Paris: La Découverte, 1995 p. 104.

e ascensão de Pio XII, amigo da Alemanha e cauteloso quando se tratava de defender os católicos, não os perseguidos por Hitler. O superior jesuíta dos redatores, polonês (já sabemos como os bispos poloneses pensavam no caso dos judeus), escondeu o texto o quanto pôde. Apesar de tudo, o documento chegou ao Papa Pio XI. Este, em audiência privada com o padre La Farge pediu-lhe que redigisse "como se fosse o próprio papa" . Confessa o bom padre: "É como se a rocha de São Pedro tivesse caído sobre minha cabeça". La Farge fez chegar o manuscrito ao papa, apesar do superior polonês. Quem deseja mais informações, leia o próprio livro, citado acima, em que se publica o texto da encíclica censurada e as notas de Henri Medelin na revista *Études*, de Paris[47]. Mas ainda precisamos falar da atitude católica brasileira sobre o antissemitismo. É o que farei a seguir.

47. *Cristianisme, Histoire, Vaticane*, dezembro de 1995, p. 6.

"É PRECISO REPETIR MIL VEZES A SENTENÇA DE JOSEPH DE MAISTRE: 'Não basta matar os monstros; o mais difícil é remover--lhes os cadáveres'. O totalitarismo é um cadáver muito difícil de remover", escreve Tristão de Athayde, em 1945. A verdade não é ferida por surgir de lábios conservadores. Ditaduras que prometiam "mil anos" foram destroçadas na Segunda Guerra. Mas seus fragmentos continuam vivos no Gulag, nos países "libertados" pela URSS, em Cuba, no Camboja, em todos os campos da desgraça. O dito vale para o antissemitismo, irmão gêmeo da sanha totalitária de potência. Varridos os grupos que uniram milhões na tarefa de extermínio, o racismo hediondo se manifesta em lugares inesperados: universidades, igrejas, movimentos sociais que pretensamente lutam contra as desigualdades.

O antissemitismo tem múltiplas causas. Sua marca pode ser vista desde o Império romano. Alguns autores minimizam tal prisma e buscam indícios da loucura que gerou o Holocausto na luta entre os irmãos totalitários, o nazismo e o comunismo soviético. Semelhante via é seguida por Ernst Nolte, autor polêmico acusado de absolver a culpa dos alemães e do nazismo no genocídio. As obras desse escritor acabam de receber edição especial na França[48]. Assumo um caminho não seguido por ele, o de verificar, no útero do cristianismo, as sementes do ódio antissemita.

Vejamos a Polônia, pátria de João Paulo II e tradicional sociedade católica. Em 1939, a luta contra os judeus era aberta. Eles eram acusados de tudo, como no transcorrer da Idade Média e da modernidade. Acusação predileta: eles "roubariam" postos de trabalho dos bons cristãos. A imprensa católica incentivou de modo frenético a caça aos judeus. O primeiro passo foi recusar a igualdade jurídica entre judeus e poloneses. "Não podem existir dois senhores (*gospodarze*) na terra polonesa, especialmente depois que a comunidade judaica contribuiu para desmoralizar os poloneses, tomou empregos e recursos dos poloneses, e quis destruir a cultura nacional". O trecho de jornal católico é citado por Saul Friedländer[49].

Não existe imprensa católica sem direção episcopal, ou imprensa comunista sem donos do Partido. A fonte da retórica antissemita é a hierarquia. Durante a guerra entre Polônia e URRS, de 1920, um grupo de antístites se pronuncia sobre os judeus: "A raça que lidera o bolchevismo outrora subjugou todo o mundo com ouro dos bancos e agora, dirigida pela eterna ganância que

---

48. Cf. *Fascisme & Totalitarisme*, organizado por Stéphane Courtois, Paris: Laffont, 2008.
49. *The Years of Extermination, Nazi Germany and the Jews, 1939-1945*, New York: Harper Collins, 2007.

flui em suas veias, busca subjugar finalmente as nações sob a férula de seu domínio". Em Carta Pastoral de 29.2.1936, a mais elevada autoridade eclesiástica da Polônia, cardeal Augusto Hlond, tenta diminuir o imenso ódio. Mas os próprios termos da Pastoral são embebidos de antissemitismo.

> É um fato que os judeus guerreiam a Igreja Católica, que eles são ligados ao livre pensamento e constituem a vanguarda do ateísmo, do movimento bolchevista e da atividade revolucionária. É fato que os judeus têm uma influência corruptora sobre a moral e suas editoras espalham a pornografia. É verdade que os judeus cometem fraude, praticam a usura, negociam com a prostituição. [...] Mas sejamos justos. Nem todos os judeus... Podemos ficar longe da terrível influência dos judeus, fugir de sua cultura anticristã e especialmente boicotar a imprensa judaica, desmoralizando suas publicações. Mas é proibido atacar, bater, injuriar, caluniar os judeus[50].

Depois de injuriar, caluniar e atacar os judeus, Sua Eminência diz que é proibido fazer o que ele mesmo diz ser "fato", ser "verdadeiro". Quanta caridade! Existem outros discursos, da Europa e Brasil, que implicam altas patentes católicas na guerra de extermínio cujo ápice foi o Holocausto[51].

Mas e a tese de que a culpa pela situação do Oriente Médio e pela própria situação dos judeus pertence.... aos judeus? Pensemos: o Estado de Israel agrega sete milhões e duzentos mil habitantes, dos quais cinco milhões e trezentos são judeus, um milhão e quatrocentos árabes,

---

50. Hland, citado por Friedländer.
51. Cf. Amoroso Lima apud C. M. Rodrigues no já mencionado *A Ordem, uma Revista de Intelectuais Católicos, 1934-1945*.

quatrocentos mil de outras origens. A maioria dos judeus seguiu para a região após perseguições e massacres que chegaram ao genocídio de seis milhões dos seus irmãos. Após sessenta anos de existência, o país sofre violências mascaradas de antissionismo, quando na verdade trata-se de virulento antissemitismo. Cérebros sem prudência tentam por todos os meios impedir que os filhos de Abraão tenham uma pátria e possam lutar para evitar um novo Holocausto. O imaginário ideológico está cheio de muitas desculpas dos que vivem o mesmo ódio racista que nutriu, já antes do totalitarismo, as elites ocidentais e orientais.

Como hoje as cotas em favor dos negros está na ordem do dia, recordo que os Estados Unidos da América, fonte de inspiração das citadas cotas, as instituiu para os judeus por volta de 1920. Só que em vez de serem chaves para a inclusão acadêmica, elas eram negativas. Existiam cotas com números máximos para o ingresso de judeus na Universidade de Yale, o alvo era diminuir o número de judeus no campus. Mesmo em outras universidades norte americanas imperou tal política de exclusão[52].

Não se trata de um setor "pouco esclarecido", para usar o jargão dos conservadores de todos os matizes. Temos naquela prática a posição de mestres renomados no mundo acadêmico, em especial nos estudos clássicos. Se a vida nas universidades, como enuncia Hegel na *Fenomenologia do Espírito*, é o reino animal onde os indivíduos são nutridos com a carne do "colega", se ali as manadas têm suas lideranças que ensinam aos do rebanho

52. D. A. Oren, *Joining the Club: a History of Jews at Yale*, New Haven: Yale University Press, 1985.

quem deve ser estraçalhado ou acarinhado, não surpreende encontrar o racismo antissemita nos departamentos escolares.

Uma carta foi encontrada em 1980 na gaveta do professor Harry Caplan, de Cornell, durante muito tempo o único professor judeu com a *tenure* (estabilidade) nos estudos clássicos da famosa *Ivy League*. Ele ensinou de 1924 a 1980. Entre seus trabalhos, é relevante a tradução da ciceroniana *Rethorica ad Herennium*[53]. Em 1919, o docente se candidatou ao lugar de professor na Universidade. Recebeu uma carta, que traduzo literalmente:

Meu caro Caplan: quero apoiar a opinião do professor Bristol e lhe aconselhar vivamente a seguir rumo ao ensino secundário. As oportunidades para os cargos na faculdade, nunca suficientes, agora são poucas e provavelmente diminuirão. Não posso encorajar ninguém na busca de assegurar um emprego na faculdade. Existe, além disso, um preconceito muito real contra o judeu. Não partilho pessoalmente tal atitude, estou certo que o mesmo é verdadeiro em se tratando de todo o pessoal daqui. Mas vimos tantos judeus bem preparados falhar na busca de empregos que semelhante fato nos forçou a tanto. Lembro Alfred Gudeman, E. A. Loew, brilhantes acadêmicos de reputação internacional e, mesmo assim, incapazes de obter um cargo na faculdade. Sinto que é errado encorajar qualquer um a se devotar a longos estudos, caminhos escarpados cuja pista é barrada por um inegável preconceito racial. Nesse assunto, unem-se a mim todos os meus colegas dos Estudos Clássicos que me autorizaram a colocar suas assinaturas, com a minha, nesta carta. Assinado: Charles E. Bennet, C. L. Durham, George S. Bristol, E. P. Andrews. 27.3.1919, Ithaca[54].

53. Oxford: Oxford University Press, Loeb Classical Series, 1954.
54. O documento foi publicado no *Cornell Alumni News*, n. 84, 9 de Julho 1981, p. 7

O documento é reproduzido por Martin Bernal, num texto que deveria ser lido por todos os que afirmam lutar contra o racismo, mas que na defesa dos movimentos negros não hesitam um instante em usar teses racistas contra os judeus, sempre com o disfarce da crítica ao sionismo. Eu me refiro ao livro *Black Athena, the Afroasiatic Roots of Classical Civilization*[55]. Lutar contra o racismo é lutar contra todos os racismos. E disto, boa parte dos intelectuais empenhados está muito longe.

Mas falar de racismo no século XX significa perceber a presença fundamental da Alemanha, não apenas dos EUA, na fábrica imunda que gerou milhões de mortes inocentes. No livro de M. Stolleis[56], mencionado antes, encontra-se o relato dos impulsos científicos e técnicos, as intervenções do Estado na ordem social e vice-versa. Eles criam "a sociedade industrial onde ocorre uma proliferação de normas, antes da Primeira Grande Guerra". Crescimento material e duplicação demográfica (em 1910 a Alemanha reúne 65 milhões habitantes) suscitam debates sobre a natureza da economia e do poderio militar--industrial, sobre os valores da ciência e da religião e desta à política e as artes. Com o darwinismo social, brotam as variantes racistas "biológicas" do antissemitismo, as quais adquirem respeitabilidade acadêmica e política[57]. Surge o panfleto de Chamberlain, lido com entusiasmo pelo *Kaiser. Die Grundlagen des neunzehnten Jahrhunderts* (Os Fundamentos do Século XIX). Houston Steinart

---

55. New Jersey: Rutgers University Press, 1987.
56. *A History of Public Law in Germany 1914-1945*.
57. H. F. Augstein: *Race – the Origins of an Idea: 1760-1850*, Bristol: Thoemmes Press, 1996.

Chamberlain era ligado a Richard Wagner. Quem conhece as diatribes wagnerianas contra os judeus, extraídas de Ludwig Feuerbach, aquilata o ataque de Chamberlain[58].

A virulência racista traz a denúncia "das ideias de 1789" que teriam enfraquecido o povo contra seus inimigos. O comunitarismo antiliberal implica a união

da velha oposição romântica às Luzes e à revolução com o mal-estar na civilização e profundas reservas diante da democracia, do liberalismo, do individualismo, que deveriam ser vencidos em nome da "comunidade" (*Gemeinschaft*), em nome do *Reich* e da germanidade que transcendem o Estado[59].

No mesmo terreno ressurgem as invectivas contra o "materialismo" e o mundo sem encanto. Ciência e técnica teriam gerado a sociedade mecânica. Contra "as ideias de 1789" são encontradas doutrinas: "monismo, teosofia, antroposofia, psicologia profunda"[60].

O imaginário *Völkisch* volta-se contra os padrões democráticos e liberais, abençoa um anticapitalismo regressivo e procura nas "raízes da alma popular" os antídotos contra o veneno do progresso material, visto como produto da era burguesa, desprovida de transcendência, presa à finitude política, científica e mercadológica. Boa parte do alento romântico é nutrida pela Igreja Católica, com a dupla condenação do capitalismo e do liberalismo.

58. O texto indicado encontra-se em toda parte, inclusive na Internet, num site inteiramente dedicado a Chamberlain. *Os Fundamentos do Século XIX* está ali na sua totalidade. Disponível em: <http://www.hschamberlain.net/index.html>. Acesso em; 17.set.2009.
59. M. Stolleis, op. cit., p. 144.
60. Idem, p. 60.

A hierarquia não aceita a ordem capitalista, da concepção do tempo às formas políticas[61]. Isto leva à concordância tática entre católicos e socialistas, pois ambos recusam o liberalismo e as bases da economia de mercado. A diferença entre socialistas religiosos e ateus implica a atuação da Igreja na ordem pública, nos fundamentos da propriedade (esta última, para os católicos, teria a família como base), na ordenação do justo salário etc. O bispo Ketteler ordena o "socialismo católico" e aconselha, como Bismarck (e apesar do *Kulturkampf*), a intervenção do Estado nas leis trabalhistas, nos salários, na segurança social (*Daseinsvorsorge*)[62]. As teses "socialistas" católicas são acolhidas na *Rerum Novarum* (1891) e na *Graves de Communi* (1901). A doutrina da Igreja recusa, ao mesmo tempo, o capitalismo e o socialismo, laicos ou ateus. Para ela, as duas vertentes retiram o alento espiritual da humanidade, por causa do materialismo que renega o Eterno e os valores religiosos.

Nos anos de 1960, no Brasil, Frei João Batista Pereira dos Santos (1913-1985) dirige a fábrica de móveis modernos chamada Unilabor, inspirada no pensamento de Lebret, do movimento Economia e Humanismo. As bases mais profundas daquela indústria encontram-se na doutrina social da Igreja e no socialismo cristão. Um livro

61. Jacques Le Goff, Au Moyen Age: temps du merchant et temps de l'Église, em *Pour un autre Moyen Age*, Paris: Gallimard, 1977.
62. Corretas informações sobre o tema podem ser encontradas no escrito de William R. Luckey: The Intellectual Origins of Modern Catholic Social Teaching on Economics, *Austrian Scholars Conference*, Auburn University, March 23-25, 2000. Texto disponível em: <http//mises.org/journals/scholar/lucky@pdf>. Acesso em: 17.set.2009.

publicado por Frei João Baptista Pereira dos Santos tem o título onde se condensa a ótica eclesiástica, *Os Chifres do Diabo: Capitalismo e Comunismo*[63]. Quando a Unilabor, endividada, interrompe suas atividades, os idealizadores acusam Roberto Campos, cuja política à frente do governo militar privilegia negativamente as médias e pequenas indústrias brasileiras. Mas graves acusações são endereçadas aos comunistas, porque estes teriam boicotado a comunidade dos trabalhadores. Esta queixa, ouvi-a pessoalmente do frade, nos tempos em que tive a honra de pertencer à Ordem dominicana.

O tema da Encíclica publicada por Bento XVI é a esperança[64]. Após a ruína da URSS e satélites, parece anacrônico discutir os elos entre capitalismo e socialismo. Mas para a Igreja, ambos são indesejáveis por dispensarem Deus da vida humana. O papa cita autores da chamada Escola de Frankfurt como Theodor Adorno e M. Horkheimer, menciona os textos de Karl Marx, mas deixa na sombra o alvo de seu ataque, a filosofia de Immanuel Kant. Silêncio estratégico. Retomo a exposição de Stolleis sobre a ciência jurídica na Alemanha antes do nazismo[65]. A insatisfação com "as ideias de 1789" leva os alemães (cultivados, segundo as observações de Karl Manheim, na democracia de massa que tudo nivela) às doutrinas inimigas da ciência e da técnica. O misticismo penetra nas camadas artísticas e jornalísticas e atinge o pensa-

63. São Paulo: SAL, 1964.
64. *Spes Salvi*. Ver o texto em português no site mantido pelo Vaticano, disponível em: <http://www.vatican.va/holy_father/benedict_xvi/encyclicals/documents/hf_ben-xvi_enc_20071130_spe-salvi_po.html>.
65. *A History of Public Law in Germany*, citado acima.

mento jurídico. Sempre que existe polêmica e ideologia, os inimigos em presença são desfigurados. Os sectários de uma ou outra tendência percebem as ideias alheias sob uma luz falsa.

Entre as "ideias de 1789", uma das mais importantes é a noção de esperança no progresso humano. Não se trata de um imaginário simplório, como afirmam os conservadores, como De Maistre e seus herdeiros. Tomo o verbete "Esperança" da *Enciclopédia Raciocinada das Artes e dos Ofícios*, mais conhecida como *A Enciclopédia de Diderot* (não citado por Ratzinger, *et pour cause*). Tal palavra, diz Jaucourt (aprovado por Diderot), é "um contentamento experimentado pela alma, quando ela pensa no gozo de que provavelmente terá de algo próprio para lhe dar satisfação". Gozo provável. Na vida tudo é provável, diz Diderot no *Plano de Uma Universidade*[66], pois "fora da matemática, o resto é apenas probabilidade, que indica a opção mais segura ou menos incerta, e consola quando o evento não corresponde à espera bem fundamentada". Voltemos à *Enciclopédia*: "nossa vida é ainda mais feliz quando esta esperança admira um objeto de natureza sublime. É por tal motivo que a esperança religiosa sustenta a alma entre os braços da morte e mesmo no meio dos sofrimentos". Mas tal espera pode ser

um espelho mágico que seduz com as falsas imagens dos objetos. Ela nos enceguece com ilusões; nos engana como o vidreiro dos contos árabes, que num sonho lisonjeiro deu o pontapé em sua pequena fortuna. A esperança desta natureza nos ilude com fantasmas encantadores, nos impede o repouso e o trabalho […]. A esperança

66. Na excelente tradução de J. Guinsburg das *Obras de Diderot*, v. 1, São Paulo: Perspectiva, 2000 (Filosofia e Política).

é presente da natureza que não poderíamos superestimar; ela nos conduz ao fim de nossa vida por uma senda agradável.

Os homens, "longe de se guiar pela razão, forjam monstros que os intimidam, ou quimeras sedutoras".

A esperança é tratada com o colorido spinozista. Mas a *Enciclopédia* ainda expõe o sentido cristão: virtude teologal e infusa, com ela se espera que Deus conceda a graça. "Pode-se ter fé sem esperança, mas não esperança sem fé; pois como esperar aquilo no qual não se acredita? O apóstolo ensina que na fé está a base e o fundamento da esperança, *est autem fides sperandarum substantia rerum*" (*Hebreus*, 11), mas pode-se esperar sem ter caridade. Daí que os teólogos distinguem duas esperanças, uma informe, encontrada nos pecadores, outra formada ou aperfeiçoada pela caridade, nos justos.

O efeito da esperança não é produzir em nós uma certeza absoluta de nossa santificação, de nossa perseverança no bem, e de nossa glorificação no céu [...], mas estabelecer nos corações a simples confiança fundada na bondade de Deus e nos méritos de Cristo, de que Deus nos concederá a graça para vencer as tentações e praticar o bem e merecer a glória, porque o homem deve sempre trabalhar com temor e tremor na obra de sua salvação, não pode saber nesta vida se é digno de amor ou de ódio.

No item "mitologia" do verbete, o escritor afirma: "os poetas dela fizeram uma das irmãs do sono, que interrompe as nossas penas, e da morte, que as finaliza".

O verbete elenca o recusado pelas Luzes. Doce embalo, a esperança, sem a companhia da razão, gera monstros e quimeras. Em seu lugar na teologia, ela deve ser disciplinada no campo da finitude. Quando suas imagens são tomadas como verdadeiras, o sujeito tomba nas armadilhas da representação. Esperança sem racionalidade é sono do qual é preciso despertar. Kant, leitor da *Enciclopédia* e admirador de Diderot, recebe de Hume (outro filósofo ligado às Luzes) o impulso para deixar o sono dogmático[67].

No século XX, o pensamento kantiano se divide em dois segmentos, um ligado à ciência e outro próximo da razão prática. Ambos se dirigem para a esperança, mas em lados diversos do sujeito humano, no qual o céu estrelado e o imperativo categórico desvelam faces do sublime. Só posteriormente, entretanto, a integralidade do sistema é valorizada em estudos sobre a *Crítica do Juízo*. Os herdeiros de Hegel, de marca romântica, pioram o marxismo, dando-lhe o tom dogmático de metafísica sem epistemologia. Por mais que Marx tentasse instalar sua pesquisa no campo da crítica (em especial da economia política, visto que na juventude ele dependeu das críticas à religião e ao direito, na chamada "esquerda hegeliana") prevaleceu o materialismo histórico e dialético, invenção de Engels. No livro de Engels sobre a *Dialética da Natureza* estavam dadas as bases para a redução da crítica em crença "científica", com padrões positivistas de um lado e delirante panlogismo de outro. Quando as consciências supostamente teóricas dos partidos comunistas da URSS e da Europa estavam aptas a repetir banalidades empobrecidas do século XVIII (como as formulações "dialéticas" de Roger Garaudy e de seus pares inquisidores) o que restou

---

67. Cf. o bonito livro de Edmilson Menezes Santos, *História e Esperança em Kant*. São Cristóvão: Editora da Universidade Federal de Sergipe, 2000.

da crítica nas suas hostes foi só o nome. Meia dúzia de fórmulas rígidas substituiu o pensamento[68].

Para citar um exemplo brasileiro dessas consciências sem crítica, vejamos o que diz um militante brasileiro sobre os "debates" no Partido, orientados pelo Kremlin:

> Nas raras vezes em que se discute, o objetivo da discussão é sempre o de discutir para *assimilar* o pensamento da direção [...] Ou melhor: não se discute, pedem-se esclarecimentos. Quando alguém diverge é imediatamente admoestado: "Você é o único que discorda", ou: "Quer o camarada enxergar mais e melhor que a direção?" , e o audacioso indagador chega a conformar-se: se sou só eu quem discorda, quem deve estar errado sou eu[69].

Tal servilismo veta o *sapere aude* kantiano e toda consciência que leve o Partido, com sua alegada majestade, ao tribunal da razão.

Tal endurecimento da inteligência não é obra solitária do stalinismo. Proclama Trótski, no 13º Congresso do PC da URSS:

> Ninguém dentre nós [...] nem pretende nem pode ter razão contra seu partido. Definitivamente, o partido tem sempre razão.

68. O catecismo vulgar da doutrina é definido, de maneira irreversível rumo ao dogmatismo, no livro de Roger Garaudy: *La Théorie matérialiste de la connaissance*, Paris: PUF, 1953. Dificilmente algo mais superficial e, ao mesmo tempo, autoritário, foi produzido em nome da "dialética materialista". Ainda existem seres humanos que pensam de maneira igual ao exposto por Garaudy, nos *campi* e fora deles.

69. Agildo Barata, *A Vida de um Revolucionário*, São Paulo: Alfa-Ômega, 1978 (grifo meu). O trecho é referido por Sérgio Joachim Rückert, *Persuasão e Ordem*, mestrado em Educação pela Unicamp, 1987. A tese pode ser lida na Biblioteca da Faculdade de Educação, Unicamp.

[...] Não se pode ter razão a não ser com e para o partido, porque a história não tem outras vias para realizar sua razão[70].

A teoria (na verdade, uma ideologia de granito, diz Lefort) substitui a pesquisa empírica e a crítica lógica. O militante não pensa com seus próprios recursos, recebe o mundo e a lógica no Partido, assimila apenas verdades geradas por Stálin, Trótski, Prestes. A teoria emitida pela direção partidária, por mais tosca e selvagem, jamais está errada. Os que não a aplicam, salvo casos excepcionais, cometem "desvios" doutrinários. O remédio é inculcar nas mentes a "linha" correta. Donde a conclusão, para os dirigentes revolucionários, de que o importante não é gerar pessoas críticas (incômodas), mas formadas pelo "espírito de disciplina e intransigência, na luta pela aplicação da linha no partido e contra todos os desvios do marxismo-leninismo"[71]. Uma fé, uma teologia, uma inquisição nada santa, como todas as inquisições. Este é o retrato institucional dos partidos comunistas na era Stálin[72].

70. Citado por Claude Lefort, com referência anotada de Rückert, op. cit. p. 80.
71. Luis Carlos Prestes, Informe do Balanço do Comitê Central do PCB ao 4º Congresso do Partido Comunista do Brasil, *Revista Problemas*, n. 64, 1954.
72. Correio Popular de Campinas, 2.1.2008. Para uma análise brilhante da ausência de epistemologia (outro lado do fundamentalismo "dialético" nos vários setores marxistas), cf. Orlando Tambosi: *O Declínio do Marxismo e a Herança Hegeliana, Lucio Collettti e o Debate Italiano 1945-1991*, Florianópolis: Editora da Universidade Federal de Santa Catarina, 2000).

COM ESSA CONFIANÇA EM DEUSES QUE EXIGEM CARNE MILI-
tante, não há nenhuma surpresa ao surgir uma corrente
marxista que pretendeu resgatar valores religiosos, culturais e políticos anteriores à *Proletarskaya kultura*. Para
tal setor, o marxismo partilha o materialismo da indústria burguesa. Ernst Bloch une Marx e utopia, o que lhe
traz a desconfiança dos dirigentes partidários, apesar das
suas declarações de fidelidade a Lênin e a Stálin, à RDA e
à URSS. Em 1951, ele foi aposentado sem pedir e passou
a ensinar em Tübingen. Logo após, o Partido efetivou
uma conferência sobre as questões trazidas pela filosofia de Bloch. Nela, os donos da teoria oficial acusavam
o seu antimaterialismo e idealismo. A principal acusação
foi o nexo entre seus escritos e o milenarismo judeu-
-cristão. A obra mais importante de Bloch é *O Princípio
Esperança*[73].

---

73. Existe tradução para o português pela editora Contraponto, de
    2006.

A recordação de Ernst Bloch indica que a ideologia marxista, ao mesmo tempo, se orienta para o mileranismo e se firma como escolástica para justificar um regime onde brilha a razão de Estado, mas desaparece a crítica da razão. Não é fácil uniformizar os intelectos militantes. O lado apologético se afirma na *Zhdanovshchina*, que domina a ordem política entre 1946 e 1953. A partir de 1946, Zhdanov, o sicofanta oficial da URSS, denuncia Anna Akhmátova, Prokófiev, Schostkóvich, Eisenstein, Aleksandrov. O periódico *Voprosy Filosofii* (Problemas de Filosofia) e a Academia de Ciências da URSS decretam a correta filosofia "do ponto de vista marxista". O filósofo Aleksandrov é acusado por Zhdanov por escrever uma "História da Filosofia Ocidental Europeia" sem efetivar "as tarefas da filosofia". Cito Zhdanov:

O camarada Aleksandrov considera possível dizer alguma coisa boa sobre muitos filósofos do passado. Quanto mais eminente o burguês filósofo, maior lisonja lhe é oferecida. Tudo isso mostra que o camarada Aleksandrov, talvez sem ter consciência, ele próprio, é presa dos historiadores burgueses, os quais partem da tese de que todo filósofo é, primeiramente e, sobretudo, um associado na profissão e, apenas secundariamente, um adversário. Tais concepções, caso aceitas entre nós, conduzirão inevitavelmente ao objetivismo, à subserviência diante dos filósofos burgueses, com o exagero de seus méritos, o que priva nossa filosofia do seu espírito ofensivo, militante[74].

Em similares "tarefas" da ciência, filosofia, arte, cultura, ainda hoje se esgotam os saberes militantes. E, claro, na destruição física ou moral dos "adversários". Não é de

---

74. Citado por A. Miller, The annexation of a Philosophe: Diderot in Soviet Criticism, *Diderot Studies*, 15.

espantar que Lyssenko seja o ícone do obscurantismo, que leva a URSS e seus dependentes ao cemitério dos sistemas políticos de nefasta memória.

Diante do marxismo oficial (o único a existir, apesar dos pretensos "dissidentes" como G. Lukács), nada mais lógico do que o desejo de ler algo além das tarefas exigidas pelos dirigentes. Para reavivar a fé romântica do marxismo (apresentei o tema nos livros *Conservadorismo Romântico* e *Corpo e Cristal, Marx Romântico*) Bloch afirma em *O Princípio Esperança* que a utopia é palavra usada para nomear a consciência apocalíptica. Utopias como a de Tomas Morus não teriam atrativos emocionais (seu "racionalismo" é demasiado). Para conceder fervor à utopia, escreve Bloch, acrescentemos visões judaicas e cristãs do Apocalipse, em que se manifesta a esperança de transcendência. O Apocalipse manifesta o Absoluto, velho anseio dos que sucederam Kant, de Hegel aos jovens hegelianos. Desde o seu livro sobre Tomas Münzer[75], no qual o monge comunista é visto com simpatia, nosso autor aplica ao marxismo o entusiasmo quiliasta. O pensamento de Marx, segundo Bloch, deve se transformar, de fria doutrina econômica e política, em "sonho do Absoluto". O espírito da utopia é cantado como "o poder da busca e do fim das condições sob as quais o homem foi oprimido como ser desprezível ou esquecido, para remodelar o planeta. E também como vocação, criação e advento forçado do Reino"[76]. Se o quiliasta

75. *Thomas Münzer als Theologe der Revolution*, Frankfurt am Main: Suhrkamp, 1962.
76. Cf. Klaus Vondung, *The Apocalypse in Germany*, Columbia: University of Missouri Press, 2000.

não empolgou os chefes de seu partido, conquistou bons amigos (alguns incômodos) entre cristãos, ansiosos pelo sopro carismático contra as carcomidas doutrinas sociais e políticas, para uso dos fiéis militantes.

Não por acaso, os temas de Bloch foram assumidos (ou pilhados) por religiosos. O *Princípio Esperança*, de Bloch, se transforma, num milagre místico, na *Teologia da Esperança*, de Jürgen Moltmann. Ali, o militante comunista (impaciente e à espera da sociedade comunista sem males) é transubstanciado no cristão que não aceita o mal entre os homens. Desta ambiguidade entre as duas militâncias, surge a doutrina pastoral da *Spes Salvi*. É bom que os cristãos tenham rumo próprio. Mas também é certo recordar que o uso da esperança alheia pode conduzir a descaminhos. *Spe salvi facti sumus*, diz Paulo na *Carta aos Romanos* (8,24). Eu só posso dizer Amém.

O TRECHO A SEGUIR FOI MANTIDO INTACTO PORQUE SE TRATA ao mesmo tempo de uma análise acadêmica do antissemitismo e de um documento sentimental. Quando a B'nai B'rith me comunicou a atribuição da Medalha de Direitos Humanos em 2007, fiquei comovido e preocupado: como retribuir a distinção, de modo a merecer um pouco a generosidade que nela se manifesta? Em primeiro lugar, lutando contra todos os tipos de racismos que se manifestam no mundo e, para nossa tristeza, na América do Sul e no Brasil. O leitor perdoará, portanto, esta passagem pelo sentimento, unido ao trabalho da razão.

AGRADECIMENTO À B'NAI B'RITH

Agradeço à B'nai B'rith do Brasil a honra desta noite. E seguem meus agradecimentos aos integrantes da B'nai B'rith internacional, cuja voz é respeitada sempre que se pronuncia na defesa dos direitos humanos. Agradecimento especial ao Dr. Alberto Liberman, que me acolhe sempre com a gentileza nobre das grandes personalidades. Espero merecer a deferência e prosseguir a luta pelos direitos humanos em nosso país[77].

> Pereça o dia em que nasci e a noite que disse: foi concebido um homem! [...] Aquela noite! dela se apoderem densas trevas; [...] seja estéril aquela noite [...] que não veja as pálpebras dos olhos da alva, pois não fechou as portas do ventre de minha mãe, nem escondeu dos meus olhos o sofrimento (*Jó* 3).

Do justo fiel aos nossos dias, a humanidade repete a maldição da noite, território em que o mal impera como se não existisse bem algum. Os nomes do abismo são infinitos: Satan, Lúcifer, o Maligno. Na modernidade, ele deixa de ser indicado por sujeitos e se abriga na taxionomia, se impessoaliza em fichas terminadas em "ismo", fascismo, nazismo, racismo. Mas a sua virulência, com semelhantes classificações, não se amaina, pelo contrário, se potencia ao máximo.

77. Como intróito ao discurso na B' nai B'rith, para a entrega da Medalha, apresentei os seguintes enunciados: "Agradeço à minha mulher querida, Maria Sylvia. Sem o nosso amor, eu não teria alma nem forças para combater, na vida pública, em defesa dos princípios inalienáveis que norteiam o saber e a ética. Com ela aprendo a inteligência do mundo e a força do coração. Agradeço ao Dr. Jacó Guinsburg e à Dra. Gita Guinsburg, cuja sabedoria e bondade me ajudam a conhecer um pouquinho mais da vida judaica e da ordem intelectual envolvente. Agradeço à Dra. Kenarik e ao Dr. Marcio Sotello Felippe, mais do que amigos, irmãos na busca de um mundo justo, num país injusto e triste. Agradeço aos amigos Dra. Maria e Major Adilson, pessoas retas que lutam pela justiça e paz e pela ciência no Brasil".

A noite persegue a experiência do Ocidente, decreta a sorte das revoluções e das reformas religiosas que trazem a liberdade e, num pêndulo cujo sinal é satânico, ameaça tragar corpos e almas. O deleite trazido pelo Mal, fonte primeira do sublime, atrai as feras humanas com suave canção, antes de se transformar em fúria assassina e genocida. Dança de bacantes presas pelo horror e prazer, o jogo entre o santo e o blasfemo definiu toda uma cultura elevada e, ao mesmo tempo, rastejante. Jamais o malefício aparece em toda sua monstruosidade. Pelo contrário ele, como Lúcifer

> Do brilho original inda conserva
> Boa porção [...]
> [...]
> De sua glória o resplendor mais vivo
> (Tal é o sol nascente, quando surge
> Por cima do horizonte nebuloso,
> De sua coma fúlgido privado;
> Ou quando posto por detrás da lua,
> E envolto no pavor de escuro eclipse,
> Desastroso crepúsculo derrama
> Pela metade do orbe [...])[78]

Se de Milton, o cego bardo que animou a Revolução inglesa, seguimos para o século das Luzes, notamos que os mais ardentes seguidores da ciência, das artes, das

78. *Paraíso Perdido*, Canto I, tradução brasileira de Antonio José Lima Leitão, Belo Horizonte: Villa Rica, 1994, p. 47. Cf. *Paradise Lost*, Scott Elledge (ed.) New York: W. W. Norton, 1975, p. 23. O trecho é usado por Edmund Burke, no escrito sobre o Belo e o Sublime, para designar o espanto e o medo espalhados pelo Mal. Cf. *Recherche philosophique sur l'origine de nos idées du sublime et du beau, présentation, tradution et notes par Baldine Saint Girons*, Paris: Vrin, 1990, p. 101.

técnicas, não deixam de perceber as armadilhas do Mal e o desfalecimento do Verdadeiro, do Bom, do Belo. Mas calculam e apostam no Bem e dão como prova o cálculo das probabilidades. Este é o sentimento de Diderot na *Enciclopédia*:

a conservação e o crescimento do gênero humano é prova segura de que existe mais bem do que mal no mundo; pois uma ou duas ações podem ter influência funesta em muitas pessoas. Ademais, todos os atos viciosos tendem a destruir o gênero humano, pelo menos a operar em sua desvantagem e diminuição; é preciso o concurso de um grande número de boas ações para conservar cada indivíduo. Se o número de ações más ultrapassasse o das boas, o gênero humano deveria acabar [...]. O gênero humano não subsistiria se o vício dominasse, pois é preciso o concurso de muitas ações boas para reparar os danos causados por uma só ação má; um crime basta para arrancar a vida de um ou muitos homens, mas quantas ações boas devem concorrer para conservar cada indivíduo?

E Diderot cita o matemático Leibniz (a quem citarei mais adiante, e que é louvado por um inimigo das Luzes, o jurista Carl Schmitt) em reforço deste cálculo. Este é o "otimismo" das Luzes que não deixa de lado o mal, mas imagina provar que as duas possibilidades, o abismo ou a conservação humana, existem e são responsabilidade dos indivíduos, dos grupos, dos povos. Quem escreveu *O Sobrinho de Rameau*, sabe até onde pode ir a baixeza ou a elevação da Humanidade.

Com o fim da Revolução Francesa e o advento da ditadura napoleônica, seguida pelas piores negações dos direitos humanos em nome de Deus, da sociedade ou do Estado, veio o culto da noite. Esta, inimiga a ser vencida pela justiça de Jó e pela mudança radical dos costumes políticos, com o banimento dos privilégios sacerdotais e aristocráticos, algo gerado por Francis Bacon e aceito pelos enciclopedistas do século XVIII, torna-se com o romantismo conservador o alvo a ser alcançado, o ambiente "natural" dos seres humanos. A própria escolástica indicava, com Tomás de Aquino, que nada temos em comum com os morcegos, porque ansiamos pela luz do intelecto e da ciência. O romantismo entoa o cântico da ignorância e do aristocratismo dolorido, louva a noite como emblema de um mundo reencantado, no qual as ciências seriam poéticas e proféticas. Assim, Novalis canta a noite e a morte num mesmo fôlego: "É na morte que o amor transforma-se em mais doce; para o amante, a morte é uma noite nupcial, segredo de suaves mistérios". Abraham Avni, acrescenta: "o sonho de Novalis sobre um além transforma-se [...] no culto à morte, com elementos dionisíacos"[79].

O canto de Novalis diz que os homens das Luzes, soberbos e sacrílegos, teriam aprofundado a queda iniciada por Lúcifer. No "v Hino à Noite", o poeta invoca, para além da modernidade, "a aurora do nascente esplendor do novo mundo". Entra em cena o futuro, palavra hipnótica do romantismo em todos os seus matizes. Mas a colheita romântica tem seu fruto venenoso em Richard Wagner.

Para quem contempla amorosamente a noite da morte; para quem ela confiou seu profundo segredo; para aquele homem, as mentiras diurnas, glórias e honra, poder e fortuna, com todo seu brilho soberbo, se dissipam com vã poeira de sóis [...]. Nas quimeras

79. Abraham Albert Avni, *The Bible and Romanticism*, Haia: Mouton, 1969.

derrisórias do dia, só uma aspiração lhe resta: o desejo da Santa Noite, onde, desde toda eternidade, a única verídica, o êxtase amoroso o faz estremecer!

O sonho de Wagner se apresenta no delírio nazista, no culto da Morte genérica exercitada pelas SS, cujo uniforme negro ostenta a caveira amaldiçoada.

Com o elogio dos sentimentos contra a ciência e a razão, mais a recusa da moderna democracia, brota no terreno noturno a flor pestilenta do mal, a negação dos direitos humanos em prol do futuro, do povo, mesmo do ser divino. Este impulso rumo ao obscurantismo encontra sua potência nos românticos Novalis, De Bonald, Donoso Cortés. Por exemplo, para De Bonald, "a Revolução Francesa começou com a Declaração dos Direitos do Homem; só terminará com a Declaração dos Direitos de Deus" (*Teoria do Poder Político e Religioso*). E se proclama, a partir daí, no pensamento contrário à ciência e à democracia, que "a sociedade é a verdadeira e mesmo a única natureza do homem [...] os indivíduos só vêem os indivíduos como eles [...]. o Estado só vê e só pode ver o homem em família, como ele só vê a família no Estado". Deste modo, o programa totalitário estava pronto, pois o essencial é – ainda cito De Maistre – para que a harmonia impere, "conservar as famílias e consumir os indivíduos". A doutrina sobre o indivíduo, em De Bonald, é importante para se compreender a justificação moderna das ditaduras, inclusive a de Getúlio Vargas: o indivíduo, proclama De Maistre,

só tem deveres e não direitos. Ele tem deveres para com a natureza humana, para com a sociedade e para com Deus que tudo envolve [...] o direito do povo a governar a si próprio é um desafio contra toda verdade. A verdade é que o povo tem o direito de ser governado!

Tais palavras ecoam na fala do ditador brasileiro, o mesmo sob cujo governo medrou o antissemitismo, a tortura, a violência jurídica imposta pela escrita de um discípulo brasileiro de Carl Schmitt, Francisco Campos. Em discurso feito no dia 1 de maio de 1938, assim falou Getúlio: "O Estado não conhece direitos de indivíduos contra a coletividade. Os indivíduos não têm direitos, têm deveres! Os direitos pertencem à coletividade!"

No mundo moderno, o elogio das trevas e a recusa da ciência e da razão, preparam o terreno imundo que gera várias noites: a Noite dos Cristais, a Noite dos Longos Punhais, a tremenda noite dos campos de concentração. O pressuposto, nos campos, é o mesmo anunciado por De Maistre contra a Revolução francesa. Trata-se de impor aos indivíduos e aos povos ("crianças", na definição de Novalis) a marca do Estado eugenista de corpos e almas. Numa frase, metade otimista, metade tragicamente realista, Bruno Bettelheim assim justificava a sua pesquisa sobre o comportamento dos indivíduos presos nos campos de concentração:

Hoje os campos alemães de concentração pertencem ao passado [esta é a metade otimista]. Mas não podemos igualmente estar certos de que a ideia de mudar a personalidade para atender as necessidades do Estado é igualmente uma coisa do passado. Eis porque a minha discussão está centrada nos campos de concentração como instrumentos para mudar a personalidade e produzir sujeitos mais úteis ao Estado total[80].

80. Behavior in Extreme Situations: coercion, em *The Informed Heart. Autonomy in a Mass Age*, Glencoe: The Free Press, 1960.

Que Bettelheim estava certo, sobretudo na parte realista de suas frases, é testemunha todo o trabalho de bioética que em nossos dias se preocupa em mostrar a tecnologia de amoldamento das vontades individuais ao reclamos do Estado. Cito apenas o livro de Jonathan D. Moreno[81], no qual são descritos, *sine ira et studio*, com a neurociência, as técnicas de manipulação e de intervenção para impor comportamentos.

Mas a noite da não ciência, o mundo sentimental e romântico, no meu pequeno entender, acendeu a retórica totalitária e genocida. Se o nazismo, o estalinismo, o fascismo usaram saberes científicos e bélicos para esmagar milhões de seres, cabe encontrar as raízes do mal no ser humano que produz ciência, mas a dirige para a sua sede arrogante de poder. Permitam que eu discorde, portanto, das doutrinas expandidas pelo núcleo inicial da chamada Escola de Frankfurt. Não aceito que o Holocausto seja o fruto das Luzes modernas. Menos ainda que o genocídio só se tornou possível com a Ilustração e a modernidade, como afirmam Theodor Adorno e Max Horkheimer, na *Dialética das Luzes*, e mais recentemente Zygmund Bauman, em *Modernidade e Holocausto*. Para semelhantes autores, a modernidade não enxerga na sociedade uma ordem ou crescimento orgânico, como entre os românticos, mas a construção técnica de um ente maquinal, obra de engenharia, que deve atender a fins racionais alheios à sua vontade e desejos. Nesta base estaria a força para se efetuar o extermínio dos não saudáveis. Tal projeto de engenharia social, diz um escritor de hoje,

---

81. Jonathan D. Moreno, *Mind Wars Brain: Research and National Defense*, New York/Washington: Dana, 2006.

depende de dois pilares das Luzes: burocracia e ciência. A Ilustração não pode ser mais vista como um movimento de ideias, como em Ernst Cassirer, mas como algo conduzido por um vasto número de burocratas, que empurrou as políticas de Estado no século XVIII para os princípios mercantilistas [...] a importância destas mentes treinadas na universidade e reformistas na administração foram ressaltadas por Franco Venturi. Foi possível que burocratas bem intencionados adiantassem os mais desumanos propósitos, pois a burocracia depende da ação indireta. Burocratas são separados por muitas repartições dos humanos cujas vidas administram [...]. A racionalidade burocrática tende a se tornar independente das normas éticas. O aparelho burocrático torna-se rapidamente autoimpulsionado, fazendo perder a vista sobre os seus propósitos no mesmo ato em que elabora com entusiasmo os seus meios[82].

Sabemos perfeitamente até onde pode chegar a burocracia. Mas penso que lhe atribuir a causa magna do Holocausto é não apenas uma forma de dizer meia verdade, como garantir a indivíduos concretos desculpas para sua entusiástica adesão ao poder que planejava o morticínio desde longa data, antes mesmo de chegar à direção do Estado. Porque desculpa é o que enxergo da defesa escrita, entregue em 13 de maio de 1947 por Carl Schmitt a Robert K. Kempner, que a recebeu em nome do Tribunal de Nuremberg. A Corte pergunta ao jurista que fundamentou as decisões de Hitler apenas isto: "por que os Secretários de Estado seguiram Hitler?". Resposta de Schmitt:

a burocracia ministerial alemã, proveniente dos mais altos graus da carreira, titular substancial do sistema. [...] expoente típica do estrato decisivo da burocracia alemã, que em 1933 se colocou, sem

82. Ritchie Robertson, *The "Jewish Question" in German Literature, 1749-1939: Emancipation and its Discontents*, Oxford: University Press, 1999.

resistências dignas de nota, a serviço de Hitler. Para esta burocracia [...] a legalidade ainda não era o simples oposto da legitimidade, mas uma forma de manifestação desta última.

De fato, afirma ainda Schmitt mais adiante,

a conquista do poder por Hitler, aos olhos da burocracia alemã, não era ilegal. Não o era também para a maioria do povo alemão e nem para os governos estrangeiros que mantiveram relações diplomáticas sem julgar necessário um novo reconhecimento do direito internacional, como seria o caso, se houvesse ilegalidade. Nem existia, contra Hitler, algum contragoverno, seja em território alemão, seja no exterior, da parte de exilados. A chamada lei dos plenos poderes de 24 de março de 1933 tolheu toda hesitação e agiu como uma legalização geral e global, tanto na ocasião, no confronto com os precedentes de fevereiro e março de 1933, como para todas as ações futuras[83].

Prestemos atenção à ultima frase: "como para todas as ações futuras". Dizer que a culpa do Holocausto reside na burocracia e na sua racionalidade, *sine ira et*

83. O Problema da Legalidade. Trata-se, na maior parte, de um artigo no qual Schmitt usa materiais de sua defesa em Nuremberg (13 de maio de 1947). Uso a autorizada tradução italiana do texto: Il problema della legalità, em *Carl Schmitt, Le categorie del "politico"*, Bologna: Il Mulino, 1972, p. 279 e s. Em nota estratégica, o autor aponta o problema da legalidade e da ilegalidade no movimento comunista e cita numa fieira, e recolhendo suas próprias obras (sobretudo o livro *A Ditadura*), Lênin, Trótsky, e G. Lukács, no infame artigo publicado em *História e Consciência de Classe*, intitulado Legalidade e Ilegalidade. Ali, o suposto rebelde do comunismo indica uma ação sem princípios, por princípio... É devido a este realismo sem valor que boa parte da esquerda, ontem e hoje, divulga e apoia autores do nazismo e do antissemitismo, como Carl Schmitt.

studio, é aceitar que ela, de fato, desvincula-se de seres humanos com poder de plena decisão, pensamento, vontade, desejos. Quando a lei dos plenos poderes foi arrancada, o *Reichstag* agoniza sob o tacão de Hitler, que ainda engatinha no poder. O Chanceler do *Reich* exige do Parlamento a aprovação da Lei. No debate ocorrido, Hitler toma a palavra e ameaça os deputados do *Zentrum* e os social-democratas. Após a réplica de Otto Wels (ainda era possível replicar naquele instante) o *Führer* responde com uma observação reveladora: "solicitava [a lei de plenos poderes] do *Reichstag* alemão, unicamente 'em respeito à legalidade', e por motivos psicológicos, 'conceder-nos isto que teríamos podido obter de qualquer outro modo'". Comenta Joachim Fest:

> A resposta de Hitler assemelhava-se, pela rudeza cheia de um tom de bravata e o prazer embriagador de arrasar o adversário, à réplica que ele mesmo formulara em setembro de 1919, quando um orador acadêmico, empregando entonação professoral, desatara pela primeira vez as veias da eloquência hitleriana, fazendo o bravo Anton Drexler ficar estupefato[84].

A defesa de Carl Schmitt ao Tribunal de Nuremberg é indecente e covarde, pois se esconde sob a desculpa proporcionada pela burocracia, para dissimular o fato mais virulento de sua própria carreira jurídica, o seu entranhado racismo e antissemitismo. Em livro precioso, editado há pouco tempo atrás, Yves Charles Zarka demonstra o quanto o jurista de Hitler exibiu, para quem desejasse

---

84. *Adolf Hitler*, New York/San Diego: Harvest Book, 1974. Todo o episódio é narrado por Fest e se apresenta, em todos os momentos do livro, como base do que ocorreu mais tarde, com os sucessivos golpes e projetos genocidas do ditador.

saber, o seu desprezo e ódio racial. Assim, para citar apenas um exemplo estratégico, quando se fala da suposta culpa da razão científica e técnica pelo Holocausto, Schmitt escreveu na revista nazista *Westdeutscher Beobachter*, em 31 de maio de 1933 um artigo intitulado "Os Intelectuais Alemães". Nele, afirma que definir o espírito ou a inteligência sem ligação com o povo é comprometer o sentido do próprio espírito. Na verdade "nenhum entendimento de um indivíduo único pode se subtrair ao todo, à totalidade de sua existência (*Dasein*) concreta, e está aí precisamente o seu vinculo com o povo". Pensar de maneira diferente, arremata, "seria fazer como se a geometria clássica tivesse podido ser inventada tanto por um negro inteligente quanto pelo grego Euclides, e como se o gênio matemático do filósofo alemão Leibniz fosse pensável do mesmo modo, em época diversa, entre os mexicanos ou siameses". O racismo e o antissemitismo movem o jurista. Ao falar de Einstein, diz que o físico odeia os alemães com veneno, precisamente "quando ele especulava como relativista sobre os átomos, foi revelado que tinha ligações em cada uma de suas fibra cerebrais com o povo ao qual ele pertence, e à situação política deste seu povo"[85].

Hoje, a noite retorna ao mundo por muitas frestas. A pior é a sobrevivência do nazismo racista. Como diz Victor Klemperer,

um dia a palavra *Entnazifizierung* terá sido atenuada, quando a situação que ela pretendia acabar não mais existir. Mas se isto vai ocorrer um dia, não o será ainda hoje, porque não são apenas os atos nazistas que devem sumir, mas também o enquadramento da

85. *Un detail nazi dans la pensée de Carl Schmitt*, op. cit.

mente nazista, o típico modo de pensar nazista e seu seminário, a linguagem do nazismo[86].

Herbert Marcuse mostra, em *O Homem Unidimensional*[87], o peso das siglas na tarefa de eludir e iludir as massas no processo de amestragem autoritária. Assim, diz ele, a palavra ONU é usada para esconder o fato de que não existem nações unidas no mundo. Penso que as atenuações postas nos termos cumprem o mesmo desiderato. Penso que não existe neonazismo. Existe, sim, nazismo em nossos tempos, um nazismo *aggiornato*, mas cujas premissas de ódio são mantidas e exercitadas a cada minuto.

A ciência e a técnica, hoje, são o apanágio das potências políticas mundiais. Mas vivemos o instante em que elas passam, por muitos dutos, aos que praticam o terror. Repetir, como uma espécie de mantra, que a ciência e a técnica, a razão e seus frutos, são a fonte da desobediência aos direitos humanos, mais do que um equívoco, no meu entender, é agir de modo cúmplice com os que voltam o saber para o culto da morte. Defender a ciência, as artes, as técnicas, apesar dos usos genocidas que delas foi feito e ainda agora é feito, me parece

86. *Lingua Tertii Imperii: Language of the Third Reich*, New York: Continuum, 2000, especialmente p. 150.
87. *One Dimensional Man. Studies in the Ideology of Advanced Industrial Society*, New York: Routledge, 2002. Especialmente quando Marcuse aponta o caráter hipnótico e mágico da língua exercida na propaganda, com seus termos hifenizados (o caso do neonazismo é claro), suas metáforas e outros recursos estilísticos, que tornam as pessoas "imunes a tudo", capazes, inclusive, de assimilar todas as ignomínias. Cf. op. cit. p. 98-99. (Há também edição brasileira, Rio de Janeiro: Zahar, 1967.)

uma tarefa civilizatória. Defender a educação científica e técnica da população é medida importante contra o racismo e o antissemitismo. Nas ciências e humanidades, fala a razão humana movida pela vontade. Afirmar da primeira o que tem fundamento na segunda, significa um contrassenso perigoso. O racismo e o antissemitismo não têm origem na ciência. Seus fundamentos seguem mesmo contra a prática científica. Julgo ser de má fé o argumento que põe na ordem científica a consagração do mal no mundo. Sempre que recebem críticas, as matrizes religiosas da humanidade praticam uma *diaeresis* interessada ao distinguir entre a religião na sua fonte e os usos humanos. A primeira seria imaculada, os segundos, manchados de culpa. Recordo que as guerras religiosas, a noite de São Bartolomeu, a defenestração de Praga, e outros eventos ligados à Guerra de Trinta anos, tiveram como origem a intolerância generalizada no mundo cristão, tanto entre os reformados quanto entre os ortodoxos. Esta intolerância bebeu sangue o bastante para alimentar as tiranias modernas[88].

Noto com tristeza que o Papa atual retoma, quase literalmente, a crítica aos saberes científicos feita quando a *Enciclopédia* de Diderot foi condenada. Clemente XIII, alarmado com o ateísmo moderno, escreveu o rascunho de uma encíclica, a *Quantopere dominus Jesus*, apenas com oito exemplares. A publicação mais ampla foi adiada até que fosse ouvido o cardeal Passionei, amigo de Voltaire e de Montesquieu. Na encíclica, cheia de vitupérios, o pontífice dizia que nada é mais próprio do que o de-

---

88. Cf. R. Romano, A Paz de Westfália, em Demétrio Magnoli (org.), *História da Paz*, São Paulo: Contexto, 2008.

sejo da verdade. Este desejo, acrescenta o Santo Padre, o Espírito Santo quer refrear, como o prova o *Eclesiastes*. Ele ordena que os padres se abstenham de pesquisas aprofundadas. Com a crítica do cardeal Passionei contra o intempestivo ataque à ciência, à técnica, à razão, Clemente XIII publicou apenas um breve (3 de setembro de 1759) bem mais brando que a projetada encíclica[89]. Esta, após dois séculos, tem sua lógica retomada pela *Spe Salvi* (Salvos pela Esperança) publicada ontem por Bento XVI. O ataque vai ao mesmo ponto: a ciência pode conduzir ao ateísmo e à perda dos valores divinos e humanos. Mesmo Francis Bacon, o alvo maior de Joseph De Maistre e da Contrarrevolução conservadora, inimiga da forma democrática, recebe a sua parcela de vitupérios pontifícios.

Se olharmos o campo histórico, no fanatismo religioso encontram-se as raízes mais venenosas do ódio racista e antissemita e a recusa dos direitos humanos. Basta recordar o *Édito de Expulsão*, de 1492, dos judeus para longe da Espanha; basta olhar a *Sententia Estatuto* de Toledo, de 1449; basta ler o texto de Lutero, *Sobre os Judeus e Suas Mentiras*; isto, para falar apenas em alguns marcos da cruzada contra os judeus e as minorias em países cristãos. Sempre é possível dizer, com Jules Isaac, tratamos aqui com

a acusação capital à qual está ligado o tema do castigo, a terrificante maldição que pesa sobre Israel, explicando (e por antecipação justificando) seu destino miserável, suas mais cruéis provações, as

89. Cf. R. Romano, *Silêncio e Ruído, a Sátira em Denis Diderot*, Campinas: Editora da Unicamp, 1997 (em especial o capítulo: Sátira e Secularização).

piores violências cometidas contra ele, as ondas de sangue que escapam de suas chagas reabertas incessantemente, sempre vivas.

De sorte que, por um engenhoso mecanismo – alternativo – de sentenças doutorais e de furores populares, se encontra rejeitado por Deus o que, visto da esfera da terra, é, certamente, o fato da incurável vilania humana, dessa perversidade, diversamente mas sabiamente explorada de século a século, de geração em geração, que culmina em Auschwitz, nas câmaras de gás e nos fornos crematórios da Alemanha nazista.

Um desses alemães, desses assassinos servis, um dos matadores chefe (batizado cristão) disse: "Eu não podia ter escrúpulos, pois eram todos judeus".

Voz de Hitler? Voz de Streicher?

Não.

"*Vox saeculorum*"[90]

Condenar a ciência e a técnica, para os amigos dos direitos humanos, é agir contra o próprio movimento que se defende. Para os que se pretendem intérpretes únicos da voz divina, é decretar o retorno ao controle teológico-político. A razão é centelha divina em nossas mentes e, como afirma Yossel Rakover em momento de suprema dor, comparável à sofrida por Jó: "Blasfemamos contra Deus aos nos denegrirmos".

90. *Jesus e Israel*, São Paulo: Perspectiva, 1986, p. 230.

É DIFÍCIL, NOS DIAS ATUAIS, ACEITAR A PECHA DE "INTOLERANTE". Com a semântica do que é "politicamente correto", como disse um dia Gérard Lebrun, mesmo termos justíssimos, como "fanático" e "fanatismo", são proibidos. "Terrorismo e terrorista", então, valha-nos Deus! É pecado de lesa elegância falar com a boca cheia de verdades desagradáveis. Como também enuncia Diderot, agora mais do que nunca, "sorvemos em grandes goles a mentira que nos bajula". E acrescenta o filósofo: "mas deglutimos gota a gota a verdade que nos sabe amarga". Todos se imaginam, portanto, democráticos, tolerantes, bondosos e honestos. O mal, como sempre, está nos outros. Vejamos um pouco esta hipocrisia, que não passa, um átimo sequer, pelo prisma do imperativo categórico kantiano.

A intolerância possui mil faces. Uma delas, o antissemitismo, surge em variadas metamorfoses. O dr. Mahathir bin Mohamad, primeiro ministro da Malásia, ao falar para chefes de Estados do Islã, em 16 de outubro de 2003, apresentou como tema principal de sua preocupação o atraso da vida muçulmana. Uma causa daquele fenômeno: "Nos últimos 1.400 anos, os exegetas do Islã interpretaram a única religião islâmica tão diferentemente que hoje temos mil religiões que lutam entre si, matando-se mutuamente".

O desastre das interpretações encontra-se nas ciências e nas técnicas. "Os primeiros muçulmanos produziram grandes matemáticos e cientistas, acadêmicos, médicos, astrônomos etc., e eles brilharam em todos os campos do saber de seu tempo". Os europeus estavam na Idade Média supersticiosa e o Islã "era respeitado e poderoso – os europeus precisavam dobrar os joelhos aos pés dos acadêmicos muçulmanos para conseguir acesso à sua própria herança escolástica".

Os novos intérpretes religiosos "pensaram que a aquisição do saber significava apenas o estudo da teologia. O estudo da ciência, medicina etc. foi desencorajado". Começou o atraso.

A revolução industrial foi perdida pelos muçulmanos. A regressão continuou até que os ingleses e franceses instigaram rebeliões contra os otomanos, último poder islâmico, e o trocaram por colônias europeias e por Estados não independentes. Só depois da Segunda Guerra Mundial aquelas colônias se tornaram independentes.

Após as fraturas religiosas vieram as políticas, causadas pelo sistema democrático. "Fomos divididos pelos partidos e grupos, alguns clamando o Islã para eles apenas".

A vida islâmica enfraqueceu e hoje sofre a hegemonia europeia. O Islã não foi condenado à miséria. "Somos fortes, contamos com 1,3 bilhão de seres humanos. Temos grande riqueza. Conhecemos a economia e as finanças do mundo inteiro. Controlamos 57 dentre os 180 países do mundo. Mas somos desamparados". Para defender o Islã são necessários "canhões e foguetes, bombas e aviões de guerra, tanques para a nossa defesa. Mas porque desencorajamos o ensino da ciência e da matemática, não temos capacidade de produzir armas para nossa defesa, devemos comprá-las de nossos detratores e inimigos".

O terror não vence os inimigos do Islã. Com ele "sacrificamos vidas desnecessariamente, só conseguimos atrair mais retaliações maciças e humilhação". Quem são os inimigos? Os judeus. Chegamos ao ponto crucial:

> Lutamos contra um povo que pensa. Eles sobreviveram dois mil anos aos *pogroms*, não pelas paixões, mas pelo pensamento. Eles inventaram e promoveram com sucesso o socialismo, o comunismo, os direitos humanos e a democracia. Com isto, eles tiveram o controle das mais poderosas nações e eles, esta pequena comunidade, tornaram-se um poder mundial. Não podemos lutar contra eles com bravatas. Precisamos usar o cérebro[91].

É compreensível a crítica ao fundamentalismo que empobreceu o Islã em termos artísticos, técnicos, científicos,

91. O discurso do líder islâmico teve ampla repercussão mundial. Apesar de sua mudança de tom, ele manteve o antissemismo que domina a ordem muçulmana. A novidade é que ele reconhece o imenso atraso da mesma, agora sendo "resolvido" por países como o Irã, rumo ao controle da tecnologia nuclear. Nesta tarefa, o regime dos aiatolás conta com ditadores como Hugo Chávez e com Estados cuja política internacional é, pelo menos, ambígua. Para uma notícia da fala pronunciada por Mahathir bin Mohamad, cf. Malaysian Leader, *Jews Rule World by Proxy*, Fox News, disponível em: <http://www.foxnews.com/story/0,2933,100234,00.html>. Acesso em: 18.set.2009.

políticos. Também compreensível a denúncia do colonialismo europeu. É natural que o líder islâmico se preocupe com o terrorismo, depois de 11 de Setembro. Mas uma tremenda força de ódio se revela nas entrelinhas do seu discurso. Quando ele se refere aos judeus, que supostamente dominam o mundo por grupos e países interpostos, sua fala se encaixa nas mentiras dos "Protocolos dos Sábios de Sião". Como diz um profundo analista, segundo Bin Mohamad, ser judeu é um fato de pensamento.

Os fascistas quiseram exterminar corpos, mas agora trata-se de aniquilar cérebros. Esperemos que o ser divino modifique este estado de alma terrível de líderes islâmicos, e o transforme em diálogo entre seres iguais diante da natureza.

A HISTORIOGRAFIA RECEBEU IMPULSO NA VIDA MODERNA, COM Lorenzo Valla. Este humanista italiano, baseado em conhecimentos filológicos, analisou documentos considerados definitivos pela religião sediada em Roma. Ele mostrou que boa parte era fraude, como na suposta "doação de Constantino". O imperador teria entregue as suas prerrogativas políticas e terras ao Sumo Pontífice, que seria o legítimo herdeiro de Estados, inviabilizando a existência da Itália. Valla mostrou que a língua usada no texto era posterior à época de Constantino. Desde então os recursos filológicos, acrescidos de saberes amplos sobre a vida social dos povos, ajudam a desvendar atentados ao direito das gentes. A historiografia não é matéria de fé ou de crença subjetiva. Ela se fundamenta em dados controláveis, capazes de indicar com precisão o campo do verdadeiro, distinguindo-o do falso.

Existem muitos casos, em nossos dias, próximos à paradigmática "doação" de Constantino. As fraudes devem ser desvendadas, mas as fontes, respeitadas. Nesta última linha encontra-se a presença dos judeus na Palestina e seu direito a ter ali um Estado independente. O antissemitismo, que permeia a fala dos mais violentos líderes no mundo islâmico, alega que Israel não tem o direito de existir nas terras, sendo estas apenas dos palestinos. Desde o início do Estado de Israel, foi gerada a fala segundo a qual os judeus que ousassem viver na região, unidos em plano jurídico estatal, deveriam ser jogados ao mar. Além do incitamento ao ódio racial e religioso, os líderes racistas desejam enunciar "verdades" mitológicas, que nada têm de verdadeiras. Quando negam os direitos históricos dos judeus aos territórios por eles ocupados, doutrinários do islamismo (não todos) erguem-se contra o testemunho de textos bem mais difíceis de serem negados do que a "doação de Constantino".

No *Corão*, eles encontram referências precisas sobre o lugar habitado pelos judeus antes da Diáspora imposta pelos romanos. Na *Bíblia*, por eles reconhecida como fonte anterior da Palavra divina, encontram histórias, determinações geográficas, costumes, guerras, dissensões civis etc. Nos escritos cristãos, a mesma realidade é patente. Nos textos revelados é clara a presença dos judeus no lugar onde hoje eles se encontram. Os filhos de Israel não inventaram um direito, nem foram a ele conduzidos por mentiras. Como nenhum crente (judeu, islamita, cristão) segue até o final a tese de exegetas contemporâneos, os quais negam historicidade aos escritos sagrados, existe base para a reivindicação dos judeus à sua terra.

Na impossibilidade de negar a evidência, os que odeiam Israel assumem atitudes contrárias aos valores semitas, baseados em argumentos produzidos pelo racismo europeu do século XIX, o qual gerou a besta nazista.

A "tese" de que os judeus são parasitas financeiros ligados ao imperialismo norte-americano liga-se à "tese" de que a morte de seis milhões de judeus teria sido uma invenção para assegurar políticas imperiais dos EUA e dos próprios judeus. Nesse ponto, crentes (ou supostos crentes) do islamismo não temem assumir o discurso nazista. E ameaçam, agora, além do afogamento dos judeus nos mares, jogar sobre Israel bombas atômicas.

Quem no Islã afirma defender uma cultura da paz, assume atitude mais do que ambígua, porque cúmplice, diante de atos e organizações terroristas que agem secretamente e matam civis segundo seu decreto, supostamente superior às leis humanas. É assim que são verberados os ataques aos bairros do Líbano utilizados pelo Hezbollah como quartel general. Os terroristas podem, no entender dos supostos indignados, usar pessoas como escudos vivos. Israel teria o dever de suportar os crimes cometidos contra os judeus. A equação está longe de ser perfeita, é mentirosa e injusta.

Jean-Pierre Faye fala na "ferradura ideológica"[92] pela qual circulam os discursos totalitários. Enunciações geradas no nazismo terminam em bocas da esquerda. É o que ocorre com o antissemitismo que explode entre nós. Iniciada nas "fontes" venenosas que saciaram o ódio de Hitler pelos judeus, a fala racista passa pela esquerda. Na União Soviética, antes e depois do Pacto com Hitler, prosperou o antissemitismo. No Brasil, tivemos um símbolo daquele conúbio. O líder do Partido Comu-

---

92. O livro de Jean-Pierre Faye foi traduzido e editado no Brasil. Cf. *Introdução às Linguagens Totalitárias*, São Paulo: Perspectiva, 2009.

nista tinha uma companheira judia, levada aos campos de concentração alemães e assassinada. O mesmo líder abraçou o governante responsável pelo exílio e morte de Olga Benário. Ela era apenas uma judia.

Esses fatos vêm à memória quando lemos no Boletim do Sindicato dos Funcionários da USP, com aprovação da Adusp, slogans acusando os judeus de serem genocidas e exigindo o "Fim do Estado de Israel". Ao "ato público" só foram convidados os defensores de uma doutrina. E assim as mentiras fascistas se espalham: a propaganda nega o contraditório, porque lhe interessa impor sua vontade de potência. O asco é resposta aos que promovem o racismo sob a capa mentirosa das "lutas sociais".

O antissemitismo islâmico e católico (o protestante pode ser incluído na lista, com plena justiça) é gerado na matriz religiosa, da qual distorce alguns aspectos essenciais, mas guarda o núcleo intolerante. No caso do ódio católico aos judeus, a história é ainda mais grave, visto que a Igreja, desde a ruptura disciplinar e dogmática, comandada pelo Apóstolo Paulo contra a tendência judaizante de Pedro, pode ser dita como uma dissidência inimiga do Antigo Testamento[93].

Esse núcleo profundo do ódio explode nas mais variadas situações e nos mais diversos contextos culturais.

---

93. Cf. Bruce Chilton e Craig Evans, *The Missions of James, Peter, and Paul: Tensions in Early Christianity*, New York: Brill, 2005. Os textos e análises recolhidos pelos editores expõem a dissensão profunda entre as doutrinas de Paulo e as defendidas pelo primeiro Papa. Desde então, toda a simpatia do mundo cristão se volta para as culturas do Mediterrâneo, como é o caso, em especial, de Atenas e de Roma, em detrimento e contra a cultura judaica.

É o caso do filme encenado por Mel Gibson sobre Jesus e seus sofrimentos. Para entender a plástica e a doutrina do filme, é preciso retornar à igreja anterior ao Concílio Vaticano II. A película reproduz o catolicismo gerado no Império Romano e transposto às sociedades feudais e modernas. O juízo sobre os judeus naquele setor religioso era claro: os compatriotas de Jesus o destruíram com sumo dolo, pecaram contra a divindade trina da qual o mesmo Jesus seria a segunda pessoa. O judaísmo acolhe deicidas. *Oremus et pro perfidis Judaeis* (oremos pelos pérfidos judeus): "Eterno e onipotente Deus, que não vos afastais nem mesmo da perfídia judaica, escutai a nossa prece, à qual elevamos pela cegueira daquele povo, para que ele conheça a luz – que o Cristo existe – e se afaste das trevas".

Tais invocações eram feitas na Sexta-Feira da Paixão. Defensores do catolicismo afirmam que "pérfido" significa apenas "descrente". Em latim, o termo não evocaria algo perverso. O missal traduzido para as línguas vulgares (no francês "perfide", no alemão "treulos" etc) teria produzido a ideia depreciativa. Antes do Concílio, no entanto, com pleno conhecimento de causa, o vocábulo "pérfido" serviu para diminuir os judeus. Ele significa "traidor" em Horácio, Cícero, Tácito, lidos pelos doutores eclesiásticos. João XXIII, o papa humano, manteve na oração apenas o "rezemos pelos judeus", sem adjetivos infamantes (25.7.1960).

Quem hoje reza em latim, como os tradicionalistas católicos, usa paramentos romanos, celebra cerimônias sagradas de costas para os fiéis, luta contra o capitalismo liberal e contra o socialismo, abomina o aborto e as experiências homossexuais e também guarda a raiva contra os "pérfidos" judeus. Essa *Paixão de Cristo* é tão antissemita quanto a Igreja, até o Vaticano II. Ainda hoje existe muito ódio aos judeus entre cristãos. Sob esse ângulo, o filme é bastante moderado. Gibson não ultrapassa o sentimento tradicional e difere de outros antissemitismos católicos, como o de Carl Schmitt.

Na primeira parte de sua vida, aquele jurista foi católico e conservador. Ao seguir o nazismo, ele exacerbou o ressentimento contra os judeus e saiu da Igreja. A prevenção exibida por Gibson tem outro feitio: o seu filme segue perfeitamente as normas éticas e estéticas da Igreja. A comunhão católica se produziu como síntese dos cinco sentidos. Para cada um deles há ritos e formas. O Concílio de Nicéia (ano 325) proclamou: "Cremos em um Deus, Pai onipotente, criador de todas as coisas visíveis e invisíveis". No catolicismo, o infinito penetra a finitude, o verbo se faz carne. A sua estética valoriza a imagem (combatida por arianos e reformados), um penhor divino. Como diz o Padre Vieira, referindo-se à Paixão: se o padre fala dos sofrimentos de Jesus, a platéia boceja. Se ele mostra o retrato do homem coroado de espinhos, a emoção empolga a fé.

Essa técnica persuasiva é usada em cerimônias e procissões onde o divino aparece com violência maior ou menor. O circo efetivou o que no filme de Gibson se exaspera: os olhos são lacerados pelo escândalo de um Deus que sofre. O Messias dolorido (salvo em *Isaías* 53) nunca foi aceito pelo judaísmo. A dor cristã é tamanha que a percebemos, sobretudo na película de Gibson, como um fim em si mesma. Flagelos arrastam novos martírios e o suplício infindável (no filme, a tortura de Jesus pelos soldados) adquire força erótica. Gregos e romanos viam na morte cristã uma loucura assumida como verdade. A pergunta de Pilatos (*Quid est veritas?*), irônica e perplexa, mostra o quanto a Paixão de Cristo é um paradoxo para a racionalidade humana. Ontem e hoje.

A INTOLERÂNCIA RELIGIOSA PRODUZ FRUTOS GRAVES NA ORDEM civil. Com base nos mandamentos divinos, sacerdotes e fiéis tentam arrancar direitos públicos devidos a integrantes de igrejas minoritárias, crenças não cristãs ou mesmo contribuintes ateus que merecem todo o respeito das leis e do Estado. O Supremo Tribunal Federal reuniu cientistas em audiência pública, a primeira da instituição, para o exame de questões ligadas à ordem genética. Felizmente os magistrados do STF reconhecem os limites de sua educação universitária. O resultado de sua iniciativa é positivo.

No evento ocorreu uma nota falha. Refiro-me ao Dr. Cláudio Fonteles, que apresentou a Adin motivadora do diálogo no STF. O jurista pertence à irmandade franciscana. Por seu convite os cientistas vinculados à Igreja falaram na audiência. Na *Folha de S. Paulo*, questionado sobre um suposto conflito de interesses de sua fé cristã com o mérito da ação, ele afirmou que a doutora M. Zatz, "o principal elemento de quem pensa diferentemente da gente, tem também uma ótica religiosa, na medida em que ela é judia e não nega o fato". Disse mais o jurista: "Na religião judaica, a vida começa com o nascimento do ser vivo. Então, ao defender a posição dela, ela defende a posição religiosa dela, que é judia e que a gente tem de respeitar". Resposta da Dra. Zatz:

> Desde o início da discussão sobre o uso de células-troncos embrionárias, apesar dos pontos de vista opostos, jamais tinha me defrontado com a tentativa de desqualificar meus argumentos com argumentos antissemitas [...]. Estou triste, porque isso contraria a tradição de tolerância e de respeito à diversidade religiosa que caracterizam este país. Posso garantir que minha defesa da pesquisa com células-troncos embrionárias está longe de ser motivada por razões religiosas. É por meus pacientes, para minorar o sofrimento deles.

É cabível e honroso que o Dr. Fonteles defenda as teses da Igreja. Mas ele sofreu um escorregão grave ao justificar sua atitude (que no caso não consiste em conflito de interesses) ao atacar a pesquisadora, enraizando sua posição científica no campo religioso. O ex-procurador mostra não conhecer como ocorre a produção de conceitos e técnicas científicas. Um pesquisador ético não usa o sagrado como fonte teórica. Inexiste uma genética judaica, católica, islamita, budista ou quejandos. Existe genética, com seu aporte conceitual, métodos diferentes, verificações de fenômenos etc. Quando efetiva um trabalho científico, o crente põe entre parênteses os dogmas de sua ordem religiosa. No STF, todos os que falaram possuem modos de operar estabelecidos em universidades. Ali se discutia o elemento ético e moral de uma decisão protocolar, sobre a natureza do material biológico a ser empregado. A diferença é relevante, pois nela são recolhidas posições ideológicas e religiosas em conflito. Porque vivemos, no dizer de Max Weber, o politeísmo dos valores; existem contradições, debates etc. Mas não existe genética protestante, judaica ou católica.

Em todo debate, a prudência é requerida. Ainda estão frescas na memória as reduções do pensamento científico às ideologias. A URSS produziu um saber "proletário" contra o "burguês", com o charlatanismo de Lyssenko e a "genética", cuja maior virtude foi jogar o Estado comunista na crise que decidiu, antes da morte oficial, o seu enterro. Na Alemanha, Carl Schmitt escreveu sobre Einstein

que a publicidade de seus congêneres [os judeus] ousou colocar ao lado de Cristo [...]. Quando ele especulava como relativista sobre os átomos, foi revelado que tinha ligações, em cada uma de suas fibras cerebrais, com o povo ao qual ele pertence, e com a situação política daquele povo[94].

No debate público é preciso cautela com a redução da pesquisa à ideologia ou fé. Os exemplos, citados acima, servem para nos desviar de tentações menores, mas cujas consequências podem ser tremendas.

---

94. Os Intelectuais Alemães, em *Westdeutscher Beobachter*, 31.5. 1933, citado por Yves Charles Zarka, *Un Détail nazi dans la pensée de Carl Schmitt.*

FALEI ACIMA DA AMBIGUA POLÍTICA EXTERNA BRASILEIRA. COM base num suposto pragmatismo comercial, que oculta simpatias ideológicas e conivências com governos autoritários e ditatoriais, como o conduzido na Venezuela, o Itamaraty convidou o presidente do Irã, uma das figuras mais odiosas dentre os antissemitas de hoje, para uma "visita de Estado" ao nosso país. Por força das manifestações contrárias ao evento, e devido a problemas internos e eleitorais no próprio Irã, o dirigente não veio ao Brasil. Mesmo assim cabe tecer considerações sobre o convite que recebeu de nossos governantes atuais.

A primeira visita de um presidente iraniano, prevista para maio, poderia ser vista como mais um passo na conquista de novos mercados e até no aumento de influência brasileira numa região em que o país prima pela ausência. Cabe, no entanto, indagar por que um país democrático, que vive sob a égide do Estado de Direito, deveria aproximar-se da odiosa ditadura teocrática que governa aquele fabuloso país, berço da cultura persa.

Para estreitar os laços geopolíticos do Brasil com o Sul, segundo preceitos de um realismo calcado apenas nos interesses egoístas dos Estados e na predominância das esferas de influência? Nesse caso, a razão de Estado, lógica desenvolvida pelos cardeais Richelieu e Mazarino, manda o país se calar quando o Irã consumar seu programa nuclear. Ou nossa diplomacia buscaria só aproximar os dois povos, explorando benefícios mútuos? Nessa hipótese mais panglossiana (do dr. Pangloss, personagem de Cândido, o Otimista, de Voltaire), estaremos no melhor dos mundos. Mas, como suspeitaria o pensador iluminista, essa aproximação, no fim das contas, serviria só para aumentar o reconhecimento internacional de um regime que pisoteia direitos humanos, promove o terrorismo internacional e ameaça a estabilidade do Oriente Médio com o projeto de desenvolver armas nucleares.

Trilhamos um caminho oposto ao do Irã dos aiatolás. Em duas décadas de redemocratização, não só reconquistamos os direitos de cidadania suspensos pela ditadura militar – como a liberdade de expressão e o habeas corpus – como avançamos na construção de novos direitos, o que nos pôs no caminho de nos tornarmos uma República mais justa. Mas ainda somos uma nação desigual, onde a pobreza priva milhões de cidadãos de uma vida digna. Também não conseguimos acabar com a violência, policial ou não, que vitima principalmente "pretos, pobres e mulatos", para citar a canção de Caetano Veloso. Contudo o Brasil hoje reconhece suas mazelas, como a desigualdade social e a dívida para com a população negra, e se esforça para combatê-las. A criação de políticas públicas afirmativas busca diminuir essa desigualdade, oriunda da escravidão. E a universalização da educação laica abre horizontes para a formação de uma população mais livre e mais preparada para os desafios atuais do mundo globalizado. Que contraste com o regime fundamentalista e retrógrado do Irã! Um regime que não só persegue minorias religiosas como os bahá'is, como também estimula o assassinato de muçulmanos que se atrevem a mudar de religião. Quanta diferença entre nossa tradição política conciliadora e um governo cujo presidente é descaradamente antissemita, que minimizou a barbárie nazista ao declarar que o Holocausto não existiu e que o Estado de Israel deveria simplesmente ser riscado do mapa.

Quando liderou a revolução contra a odiosa ditadura do xá Reza Pahlevi, em 1979, o aiatolá Khomeini prometeu uma era de liberdade para os iranianos. Isso parecia possível; afinal, uma insofismável revolta popular enfrentou a brutal repressão da Savak, a polícia política iraniana, e pôs fim a um regime que não passava de marionete dos EUA desde 1953, quando a CIA derrubou o então primeiro-ministro nacionalista Mossadegh. Por isso, a queda do xá foi saudada em quase todo o mundo como uma revolução genuína. Para parte da *intelligentsia* europeia, a revolução islâmica resgatava a dimensão libertadora das insurreições populares, a "tomada dos céus de assalto".

O filósofo francês Michel Foucault, o desconstrutor do pensamento ocidental, fez um panegírico à revolução xiita intitulado Elogio à Rebelião. Para ele, a revolução dos aiatolás representava uma nova forma de "dimensão espiritual na política" que se contrapunha ao racionalismo positivista da modernidade ocidental. Mas, quando a Guarda Revolucionária do novo regime começou a fuzilar comunistas e homossexuais em nome da pureza de princípios, ficou claro que a razão não estava com Foucault, mas com Albert Camus, para quem "todas as revoluções traíram fundamentalmente o sentido da revolta".

Além de liquidar setores laicos que tinham lutado contra a ditadura, a teocracia islâmica fez o Irã voltar ao século IX: impôs a submissão às mulheres, permitiu a invasão da embaixada americana em Teerã e apoiou movimentos terroristas no exterior. O Irã tentou exportar seu obscurantismo quando Khomeini decretou uma *fatwa* (pena de morte) contra o escritor britânico Salman Rushdie, acusado de "blasfêmia" contra o Islã; trinta anos depois da ascensão da revolução islâmica, a organização de direitos humanos Anistia Internacional afirma que a situação mudou muito pouco. Persistem as sistemáticas violações de direitos humanos, como prisões arbitrárias, tortura institucionalizada, uso indiscriminado da pena de morte – o país é o segundo em execuções, depois da China –, perseguições de minorias religiosas, violação dos direitos das mulheres e severas restrições à liberdade de expressão. Para piorar, os dirigentes iranianos continuam apoiando e financiando organizações terroristas – como no Líbano e em Gaza – e estão firmemente empenhados em fabricar a bomba atômica, apesar do disfarce civil de seu programa nuclear. O que temos a aprender com esse regime?

O Brasil e os países democráticos emergentes não têm por que estreitar relações com governos autoritários como o do Irã, cujo discurso "anti-imperialista" só serve para encobrir o ódio à ideia de democracia como valor universal. Não somos uma superpotência como os EUA, que tem de dispor de um arsenal diplomático, além do dispositivo de dissuasão militar, para manter o equilíbrio numa região instável. E, acima de tudo, não podemos, em nome da crítica à política de um Estado soberano e democrático (Israel), adular um dirigente protofascista do naipe de Ahmadinejad. O Brasil deveria aproximar-se das lideranças responsáveis do Oriente Médio, jamais de tiranetes demagógicos dispostos a ver o circo (o mundo) pegar fogo.

A direita do espectro político está habituada, desde longa data, ao antissemitismo, herdado nas suas moradias, igrejas, partidos, universidades ou sindicatos. A esquerda também adoece de antissemismo, pelo menos desde os tempos de Stálin. Uma das marcas do ódio ideológico é a falta de ponderações dos erros alheios, ausência de qualquer humanidade quando o "inimigo" comete algum deslize ético ou político. A esquerda não perdoa os seus críticos que deixam escapar uma frase ou atitude menos ortodoxa em termos coletivos e individuais. O mesmo ocorre, mais forte ainda, na direita. O rabino Sobel, no Brasil, é uma figura que desagradou os dois polos da ordem ideológica, a esquerda e a direita. A primeira, por não se curvar aos seus ditames e alianças estratégicas, a segunda porque, em companhia de Dom Paulo Arns e James Wright foi um dos esteios da luta contra os poderes ditatoriais, atribuídos a si mesma pela direita nacional. Quando, por força de uma situação psicológica anormal, devida a remédios, ele cometeu atos pouco louváveis, a esquerda brasileira riu muito, com impiedade digna das hienas. A direita "cobrou" a conta da resistência ativa levada pelo rabino durante o período militar, em especial no assassinato de Estado cometido contra Vladimir Herzog. A esquerda foi ingrata. A direita foi mesquinha.

No Pequeno *Tratado sobre Deus, o Homem e a Saúde de sua Alma*, Spinoza discorre sobre o favor, o reconhecimento, a ingratidão. Os dois primeiros pontos manifestam o desejo de fazer algo bom para o próximo. Espera-se, após efetivar um ato correto, receber afeto em troca. Uma pessoa perfeita, no entanto, age sem esperança de reciprocidade e se considera obrigada a ajudar quem sofre, apenas porque nele enxerga a dor. A ingratidão é o desprezo do reconhecimento, como a impudência desafia a vergonha. O ingrato é ávido ou egoísta em excesso. Nenhum ingrato pode ser uma pessoa perfeita. As bem-aventuranças proclamadas por Jesus, judeu considerado divino pelos cristãos, já indica aos indivíduos e grupos: "Sede vós, pois, perfeitos, como é perfeito o vosso Pai celestial"(*Mateus* 5,48). E o que significa *ser perfeito?* É ser humilde, chorar com as dores alheias, agir mansamente, ter fome e sede de justiça, sentir misericórdia, manter limpo o coração, pacificar disputas e guerras.

> Pois eu vos digo que, se a vossa justiça não exceder a dos escribas e fariseus, de modo nenhum entrareis no reino dos céus [...] Ouvistes que foi dito: Amarás ao teu próximo, e odiarás ao teu inimigo. Eu, porém, vos digo: Amai aos vossos inimigos, e orai pelos que vos perseguem; para que vos torneis filhos do vosso Pai que está nos céus; porque ele faz nascer o seu sol sobre maus e bons, e faz chover sobre justos e injustos (*Mateus* 5,20. 43-45)

O episódio que tem o rabino Sobel no epicentro, também exibe lados sombrios da ingratidão jornalística. Recordo uma tarde, na Catedral da Sé lotada de pessoas que, arriscando sua vida e liberdade, foram ao culto ecumênico em memória de Vladimir Herzog. Havia uma série de escândalos no ar. O primeiro era a mentira do *regimen monstruosum* que, em nome da "civilização cristã" torturou, assassinou, perseguiu, retirou direitos dos brasileiros. A derradeira mendácia foi espalhada pelos torcionários: Herzog teria se suicidado. Naquela hora o jornalismo retomou alento, unido ao clamor popular liderado pela Igreja, OAB, movimentos em defesa dos direitos humanos. Na Sé, foi homenageada a verdade, contra a mentira de Estado. Na ara santa, homens graves representavam a justiça e a misericórdia divina: Paulo Arns, James Wright, Henry Sobel. Na homilia de Arns, a sentença do único juiz legítimo:

> Deus faz questão de comunicar constantemente aos homens que é maldito quem mancha suas mãos com o sangue de seu irmão [...]. Não matarás. Quem matar se entregará a si próprio nas mãos do Senhor da História e não será apenas maldito na memória dos homens, mas também no julgamento de Deus [...]. Acontece facilmente que esquecemos o nosso Deus, quando achamos que sozinhos resolvemos os problemas. Mas Ele está aí, na hora do caos, na hora da desesperança, nos acontecimentos sem saída.

Dias sombrios. Aos três sacerdotes coube uma tarefa inaudita: proclamar a esperança quando o povo brasileiro sofria desespero profundo. Quem seguiu aqueles três homens, testemunha a sua coragem, desvelo, misericórdia. Eles ajudaram o Brasil a deixar a abjeção jurídica em que estava jogado, porque souberam revelar na sua plenitude, com risco de vida, o "*occulto Dei judicio*". Wright morreu coberto pelo silêncio estatal brasileiro. Arns, adoecido, enfrenta injustiças com o resto de suas forças. Sobel, internado no hospital Einstein, sofreu a ingratidão da imprensa, a mesma que ele ajudou a livrar das garras autoritárias. Estou certo de que ele sentiu mais a falta dos que lutam pelas liberdades, do que dos insultos impostos por empresas jornalísticas, na busca de mais audiência ou de vender alguns exemplares a mais. Quem cometeu agressões como a da Escola de Base, desconhece misericórdia, ignora a justiça. É preciso não confundir jornalistas assim com a imprensa, mas um travo amargo toma a língua de quem defende a liberdade na escrita. O que segue é uma tentativa de homenagear os três homens que, na fornalha do inferno, uma correta caracterização de um regime policial e torcionário, elevaram a voz em prol da vida humana.

E SUCEDEU QUE, ESTANDO ELES NO CAMPO, LEVANTOU-SE CAIM CONTRA Abel, seu irmão, e o matou. E disse o Eterno a Caim: "Onde está Abel, teu irmão?". E disse: "Não sei; acaso o guarda de meu irmão sou eu?" E disse: "Que fizeste? A voz do sangue de teu irmão está clamando a Mim desde a terra. E agora maldito és tu da terra, que abriu sua boca para receber o sangue do teu irmão, de tua mão" [...]. E disse Caim ao Eterno: "É tão grande o meu delito de não se poder suportar?"[95].

Esta passagem do *Gênesis* traça a linha divisória entre os que buscam a justiça e os filhos das trevas.

O texto português da *Torá* grafa, na resposta tortuosa de Caim ao Senhor, o termo "guarda" – *schamar* – indica o dever fraterno de vigília na proteção mútua, vínculo maior da família humana. A significação concreta é de um espaço que envolve e protege, lugar onde a pessoa está em segurança. Na *Septuaginta*, o termo grego escolhido

---

95. *Torá, A Lei de Moisés*, São Paulo: Sêfer/Templo Israelita Brasileiro Ohel Yacov, p. 10.

para tal atitude e situação é φύλαξ[96]. Conhecemos a palavra nos textos platônicos, sobretudo na *República*. φύλαξ é o guardião da cidade, o encarregado de proteger a cidadania. No segundo livro da *República*, os guardas da polis devem ser duros para os inimigos externos, mas dóceis para com os donos da casa[97]. O bom guardião deve reunir qualidades contrárias, mas complementares, a força guerreira e a suavidade doméstica. O tradutor grego do *Gênesis* entende, pois tem na cultura helênica os fundamentos de sua compreensão, a ideia avançada por Caim: ele deveria cuidar de seu igual com fidelidade canina. Mas o estraçalhou com presas selvagens.

Na cópia da *Vulgata*, a pergunta inteira de Caim é a seguinte: *num custos fratris mei sum ego?* que poderia ser enunciado do seguinte modo: "tenho eu a custódia de meu irmão?"[98]. Lutero usa um termo cuja sorte no mundo jurídico moderno é das mais dramáticas. Quando Deus lhe pergunta pelo seu parente, Caim responde com a réplica mencionada acima: *soll ich meines Bruders Hüter sein?*[99].

---

96. *Septuaginta, id est Vetus Testamentum graece iuxta LXX interpretes edidit*, Alfred Rahlfs, Stuttgart: Deutsche Bibelgesellschaft, 1979, p. 6.
97. Os guardiães devem ser "brandos (*praious*) com os seus e rudes (*chalepous*) com os inimigos; do contrário, não precisarão esperar que os outros destruam a cidade: antecipar-se-ão destruindo-a sozinhos". *República*, 375 b, na tradução de Jacó Guinsburg, São Paulo: Perspectiva, 2006, p. 83; cf. *The Republic*, trad. Paul Shorey Cambridge: Havard University Press/Loeb Classical Library, 1953, p. 169.
98. *Biblia Sacra*, Marietti, S. Sedis Apostolicae Typographi ac Editores, 1959 (Vulgatae Editionis), p. 3.
99. *Lutherbibel Erklärt*, Stuttgart: Deutsche Bibelgesellschaft, 1987, p. 8.

Em todas as versões da *Bíblia* e na filosofia grega, a palavra certa para designar os responsáveis pela segurança de seus irmãos é "guarda". Com os avanços da vida coletiva no tempo e no espaço, foram criadas formas de associação entre grupos e indivíduos, mas o principal alvo foi sempre o de proteger os mais fracos, dando-se aos fortes armas e garantias para o exercício daquele mister. As estruturas mais singelas do Estado surgiram desse modo, para garantir quem sob ele se colocava, pagando tributos cujo fim é a sobrevivência do maior número, tanto no que diz respeito à guerra, à saúde, ao ensino, à segurança contra os filhos de Caim que sobrevivem até os nossos dias, no interior da sociedade.

Mas como diz Santo Agostinho,

sem a justiça, o que são os Estados, senão grandes reuniões de bandidos? Como uma reunião de bandidos nada mais é do que um pequeno Estado, pois se trata de uma sociedade dirigida por um chefe, ligada por um contrato, e na qual a partilha do botim é feita segundo certas regras estabelecidas? Que esta quadrilha aumente recrutando homens perdidos, que ela tome posse de lugares para neles fixar seu domínio, que ela tome cidade, subjugue povos, eis que ela recebe o nome de reino, não porque foi despojada de sua cupidez, mas porque soube aumentar a sua impunidade. Um pirata, preso por Alexandre Magno, disse muito bem, tanto em razão quanto em espírito. Pois o rei lhe perguntou por que ele ameaçava o mar, ele respondeu com altivez : "Com o mesmo direito pelo qual tu ameaças a terra. Mas como tenho apenas um pequeno navio, sou chamado de pirata, e porque tens uma frota imensa, és chamado conquistador[100].

Se o Estado não cumpre sua missão de proteger, os seus funcionários abandonam a condição de guardiães

---

100. *Cidade de Deus*, livro 4, § 4.

e deixam de ser cães afáveis para com os de casa, transformando-se em lobos sedentos de sangue fraterno. Esta é a crônica maldita de todas as tiranias. Não por acaso sublinhei que na tradução de Lutero, a palavra "guarda" é escrita como *Hüter*, o guarda vigilante. No século XX, a voragem totalitária foi preparada por eminentes juristas, os quais, *sine ira et studio*, transformaram os funcionários do Estado em feras sedentas de carne humana. Entre tais assassinos álgidos, temos Carl Schmitt, em especial na sua obra prima jurídica, justamente intitulada *Der Hüter der Verfassung* de 1931. Ali, nem o Parlamento, nem os Tribunais protegem a Constituição, mas o Chefe de Estado definido como *Führer*.

Schmitt ajudou a construir a certeza de que a única proteção residiria na obediência integral às ordens do Líder. Sob a propaganda nazista,

a função protetora das formas legais surgiu como relíquia que as pessoas usam para caçoar, dando-lhes o nome de "liberalistas". Foi consequente, pois, a realidade instaurada que não mais conhecia um "ser humano", mas apenas termos funcionais e segmentados, como "homem e mulher", "pai", "funcionário civil", "estrangeiro", ou seja, pontos concretos de assimilação às "estruturas concretas da ordem"[101].

O Estado protege os seus subordinados, e apenas os por ele reconhecidos dignos de sua proteção. Os de raça ariana pura, para conservar sua pretensa superioridade, deveriam entregar alma e corpo. A ditadura se justifica pelo estado de exceção. E para quem sente ameaçada a raça pura, a exceção só deixa de existir com o extermínio dos ameaçadores. O próprio Führer dera a palavra

101. M. Stolleis, op. cit., p. 334-335.

de ordem, no escrito infernal chamado *Minha Luta*: "ao me defender contra o judeu, luto pela obra do Senhor". A frase é citada, com aprovação plena, por Carl Schmitt[102]. As sementes de ódio, disfarçadas sob a máscara de enunciados jurídicos, frutificaram no mundo inteiro, inclusive no Brasil. Aqui, Schmitt teve leitores atentos, que souberam instaurar o Estado lobo, em vez do protetor dos cidadãos. Na ditadura Vargas e na militar, temos a presença de Francisco Campos, a repetir que a força física não precisa da legitimidade jurídica ou aprovação dos povos. Como herdeiros de Trasímaco, sofista que defende semelhante tese na *República*, os redatores do Ato Institucional de número 1 afirmam em alto e bom som:

A revolução se distingue de outros movimentos armados pelo fato de que nela se traduz, não o interesse e a vontade de um grupo, mas o interesse e a vontade do país. A revolução vitoriosa se investe no exercício do poder constituinte. Esse se manifesta pela eleição popular ou pela revolução. Esta é a forma mais expressiva e mais radical do poder constituinte. Assim, a revolução vitoriosa, como poder constituinte, se legitima a si mesma [...]. Ela edita norma jurídica sem que nisso seja limitada pela nova atividade anterior à sua vitória.

A marca das patas do jurista alemão estão aí, inequívocas, por intermédio de seu colega Francisco Campos, o já antes redator da Polaca[103]. Se aquela Constituição trouxe para a vida pública muitos lobos, torturadores e

---

102. Cf. C. Schmitt, La Science allemande du droit dans sa lutte contre l'esprit juif, publicado na revista *Cite*, n. 13, maio, 2003. Cf. Yves Charles Zarka, *Un Détail nazi dans la pensée de Carl Schmitt*, op. cit.

103. Cf. Jarbas Medeiros, *Ideologia Autoritária no Brasil, 1930-1945*, Rio Janeiro: Fundação Getúlio Vargas, 1978.

sacrílegos inimigos dos direitos individuais e coletivos, o Ato Institucional número 1 abriu as portas do arbítrio, das perseguições, das torturas e de todos os atentados contra os seres humanos que tinham dúvidas sobre o papel do *Führer* coletivo, as Forças Armadas.

Quando os "protetores" estavam no máximo de sua metamorfose, muitos deles guardas nos porões secretos, tinham-se se transformado em lobos. Naqueles dias sombrios, após muitos arbítrios, torturas, banimentos, perseguições, os lobos assassinaram um judeu. Mas não apenas judeu, jornalista. Não apenas jornalista, mas inocente de toda culpa. A mentira, irmã gêmea dos regimes ditatoriais, trouxe à opinião pública que se tratava de um "suicídio". A impunidade de Caim chegou ao máximo, no Brasil. Como o primogênito de Adão, os fratricidas tiveram a audácia de perguntar ao Ser divino e aos homens: "É tão grande o meu delito de não se poder suportar? ".

Sim, respondeu a sociedade, sim, responderam três sacerdotes, sim, respondeu a massa que invadiu pacificamente a Praça da Sé. Sim, o teu delito é grande, ele é insuportável. Os três sacerdotes lembraram o dever da guarda fraterna, amaldiçoaram os herdeiros de Caim. A partir daquela hora, na qual a ira divina falou pelos seus servidores (judeu, católico, presbiteriano), os lobos começaram a refluir, o Estado, gradativamente, retomou sua função protetora. Ainda hoje, em nossa terra, ele não apresenta esta face luminosa. Muitas trevas ainda precisam ser espancadas.

Os nomes dos três sacerdotes estão gravados no fundo de nossa alma, para sempre. Só peço que Deus nos envie, em situações similares, servos e profetas com a estatura de Dom Paulo Evaristo Arns, James Wright, Henry Sobel.

Uma condição para que o antissemitismo, o racismo e muitos outros crimes contra os direitos humanos sejam coibidos e atenuados, é a presença na sociedade e no Estado de juízes dignos do seu nome. Quando o STF, em julgamento memorável, decidiu que a pregação do ódio antissemita não tem autorização no Brasil, no caso de Sigfried Ellwanger, os magistrados mostraram o quanto eles são relevantes na vida dos povos civilizados. Nem sempre, no entanto, os tribunais decidem com a plena justiça e, assim, reparam as violências ocorridas no domínio cotidiano das nações.

E por falar em violência, esta última é insuportável quando não corrigida pelos tribunais[104]. Como em todos

---

104. Tenho me dedicado ao estudo de problemas presos à magistratura, ao ministério público e outras questões de justiça, devido aos árduos problemas éticos que determinam aqueles setores. Em artigos e palestras para promotores, advogados e juízes, tento indicar as dificuldades éticas e morais que surgem, em especial no campo da filosofia política, no estudo da justiça. Indico alguns textos meus sobre o tema: 1. Sob a Sombra de Trasímaco. Reflexões sobre a Violência, *Revista da Associação Juízes para a Democracia*, São Paulo, v. 2, n. 2, 1996, p. 152-163; 2. Lembra-Te de que és Homem. Governantes e Juízes no *Policraticus*, de Jean de Salisbury, *Revista da Associação Juízes para a Democracia*, São Paulo, v. 1, n. 1, 1996, p. 153-162; 3. Ética e Ciência: Alguns Prismas, *Revista do Ministério Público do Estado de Goiás,* ano 8, n. 11, dez. 2005, p. 5 e s.; 4. Palestra de Abertura do II Congresso Estadual dos Magistrados de Pernambuco, A Independência do Magistrado e o Jurisdicionado, *Cadernos da AMEPE* (Associação dos Magistrados de Pernambuco), v. 2, n. 14, 2007, p. 31-95; 5. Direito Natural e Democracia em Spinoza, no *Foglio Spinoziano* (Italia), disponível em: <http://www.fogliospinoziano.it/democracia_silva. pdf> e também no site da Escola Superior da Procuradoria

os setores da vida humana, os que operam o direito (juízes, promotores, advogados) não raro acolhem em seu meio indivíduos e grupos alheios aos direitos dos jurisdicionados. E também reúnem pessoas que se dedicam à tarefa insana de gerar justiça em sentenças e procedimentos.

Descrevi um prisma favorável dos juízes em artigo cujo título é "Papel Amassado"[105]. Dei semelhante título ao escrito sobre um caso que ocorreu em Recife. Certo jovem, em companhia de outros, tenta pegar mangas em quintal alheio. O menino estava próximo de um prédio velho, usado para serviços de galvanização. A polícia ouve o tiro produzido pela arma de um segurança que, é a regra, se apavorou com os ruídos. Não vendo o autor do disparo, os policiais prendem o jovem, o torturam e

Geral do Estado de São Paulo, disponível em: <http://www.pge.sp.gov.br/EscolSuperior/Default.htm>; 6. A Igualdade: Considerações Críticas, *Foglio Spinoziano* (Itália), diponível em: <http://www.fogliospinoziano.it/Roberto%20Romano.pdf>; 7. Reflexão sobre o Estado e os Juízes, palestra na Escola do Legislativo da Assembléia Legislativa de Minas Gerais, disponível em: <http://www.alemg.gov.br/CadernosEscol/Caderno14/roberto_romano.pdf>; 8. Sobre Razão de Estado, Escola Superior da Procuradoria Geral do Estado de São Paulo, disponível em: <http://escolapge.blogspot.com>; 9. Mentira e Razão de Estado, Aula Inaugural do Curso da Escola Superior da Procuradoria Geral do Estado de São Paulo (11/03/2007) também disponível em: <http://escolapge.blogspot.com>. Todos acessados em: 18.set.2009.

105. Cf. R. Romano, Como Papel Amassado, em Júlio César França Lima e Lúcia Maria Wanderley Neves (orgs.), *Fundamentos da Educação Escolar do Brasil Contemporâneo*, Rio de Janeiro: Escola Politécnica de Saúde Joaquim Venâncio/Fiocruz, 2007, p. 133 e s.

obrigam-no a entrar em um tanque cheio de hidróxido de sódio (soda cáustica), o que lhe provoca deformidade permanente, lesões, dores. Os agentes da lei dão-lhe tapas e pontapés. Surgidas as evidências da tortura, a criança foi conduzida aos médicos. E os guardiães da segurança pública dela exigiram que afirmasse ter caído acidentalmente no tonel. Mais tarde, a defesa afirma que a palavra da vítima tem "credibilidade zero" porque se tratava de um "adolescente e imaturo". Não disse e nem precisava: era pobre, pertencia ao povo, por definição conservadora, sempre criança, basta ter lido Novalis e seus companheiros românticos da contrarrevolução. Um torturador, percebendo a qualidade do líquido no qual jogou a criança, constatou que a vítima tinha de fato adoecido. A pele do garoto, afirma o policial, ficou enrugada "como se fosse papel amassado"[106]. O juiz independente, inimigo da fraude e da força bruta que vestem o manto do Estado, condenou quem mereceu, fez cumprir a lei.

O Brasil foi novamente condenado por tortura pela Comissão de Direitos Humanos da ONU. Aquele organismo se preocupa com "a disseminação do uso excessivo da força pelos oficiais da lei, o uso da tortura para obter confissões, a execução extrajudiciária de suspeitos" em nossa terra. O juiz do caso acima, Dr. Nivaldo Mulatinho Filho, digna autoridade que honra a ética e o direito em Pernambuco, tudo faz para que a mancha da tortura suma dos jornais, dos Boletins de Ocorrência e da alma brasileira.

---

106. *Revista da Emespe*, jul.-dez., 2000, p. 633 e s.

A FESTA NA QUAL COMEMORAMOS OS VINTE ANOS DA CONS-
tituição, deve passar pelo crivo dos fatos, os ditos "as-
suntos desagradáveis" que irritam os poderes e os assim
denominados formadores da opinião pública. Quando temos a prova de que a lei impera num país? Quando juízes asseguram os direitos, tanto no plano do indivíduo
quanto no dos grupos. É naquele crivo que sabemos se a
Constituição tem alma ou é letra à espera de sopro vital.
No regime democrático, a fonte do ânimo é a soberania
popular. Se ela não existe no efetivo, o corpo do Estado
não passa de uma vã estrutura somática. E conhecemos
bem o jogo de palavras de origem grega sobre o puro
soma e o *sema*. Sem o segundo, que só aparece em regime de liberdade e autonomia popular, resta o corpo
morto de leis e instituições.

Sei bem que juízes burocráticos não existem apenas
no Brasil. E conheço a história de Israel e a antiga vida
grega o bastante para saber que magistrados parciais ou
arrogantes não viveram apenas abaixo do Equador. Do

Antigo Testamento ao *Novo*, vemos figuras paradigmáticas da injustiça togada. Não por acaso Jesus usa o símile do juiz iníquo para mostrar a diferença entre a justiça divina e a dos homens.

Havia numa cidade um certo juiz, que nem a Deus temia, nem respeitava o homem. Havia também, naquela mesma cidade, uma certa viúva, que ia ter com ele, dizendo: Faze-me justiça contra o meu adversário. E por algum tempo não quis atendê-la; mas depois disse consigo: Ainda que não temo a Deus, nem respeito os homens. Todavia, como esta viúva me molesta, hei de fazer-lhe justiça, para que enfim não volte, e me importune muito. E disse o Senhor: Ouvi o que diz o injusto juiz. E Deus não fará justiça aos seus escolhidos, que clamam a ele de dia e de noite, ainda que tardio para com eles?[107].

Mas a situação de injustiça não poupa sequer os tribunais populares, na democracia grega. Na *Apologia de Sócrates*, Platão endereça uma crítica velada contra os tribunais democráticos. No célebre julgamento do pensador, os que decidiriam a sua sorte mostraram-se sedentos de condenação, a baderna foi tamanha que só com muita dificuldade o acusado conseguiu se fazer ouvir. A *Helié*, tribunal onde Sócrates teve sua sorte definida, dispunha de aproximadamente seis mil jurados, todos saídos da *Ecclesia*. Eles eram sorteados segundo a gravidade maior

107. *Lucas* 18, 4-8 "Vidua autem quædam erat in civitate illa, et veniebat ad eum, dicens: Vindica me de adversario meo. Et nolebat per multum tempus. Post hæc autem dixit intra se: Etsi Deum non timeo, nec hominem revereor: tamen quia molesta est mihi hæc vidua, vindicabo illam, ne in novissimo veniens sugillet me. Ait autem Dominus: Audite quid judex iniquitatis dicit: Deus autem non faciet vindictam electorum suorum clamantium ad se die ac nocte, et patientiam habebit in illis?"

ou menor da acusação. Como ponto final, os jurados depositavam uma ficha em urnas, vazias em caso de condenação, cheias quando ocorre o contrário. No diálogo *Górgias*, Platão ironiza a justiça onde impera a persuasão retórica, "nos dicastérios e demais multidões". O termo grego, usado por Platão para designar as multidões de juízes é *ochlos*, massa instável e irrequieta. Outra crítica direta encontra-se na imagem do povo, "Grande Criatura" que mostra seu lado mais bruto e estúpido quando julga quem a desagrada. Platão nota a suscetibilidade dos tribunais populares à lisonja e aos apelos emotivos dos retores e o quanto eles são movidos pelos motivos políticos. O mais grave, segundo o filósofo, é o segredo do voto que torna o julgador individual imune às críticas e ataques (*Leis* 876b)[108].

A Constituição vive na alma do povo ou é palavra morta. Para que ela vivifique as pessoas é preciso que sua letra não fique parada e distante, muda e queda como ídolo. E os meios por excelência para que ela deixe os volumes da ciência jurídica e se mostre eficaz, encontram-se nos magistrados. Garantir o direito é uma questão séria. Ora, como diz a *Carta VII*, 344a,

quando vemos obras em forma de leis por algum legislador, seja sobre um assunto ou outro [...] devemos saber que para ele o assunto não é de fato sério [...] se por acaso ele julga de fato que se trata de coisas sérias, devemos dizer que não os deuses, mas os mortais, lhe arruinaram completamente o espírito[109].

108. Sigo literalmente as análises de Glen R. Morrow, que será citado adiante, sem modificações notáveis.
109. Cf. Platão, *Carta VII*, 344a, na tradução de Leon Robin, *Oeuvres de Platon*, v. 2, p. 1224, Paris: Gallimard. Bibliothèque de la Pléiade.

Na *República* existe um retrato irônico do juiz que ronca durante os trabalhos (405c). Seria interessante acompanhar o dia a dia dos tribunais para saber quantos juízes brasileiros roncam, seja porque não escutam os reclamos do cidadão comum (o termo consagrado é leigo, como nas organizações religiosas hierocráticas), seja porque não perdem tempo para ler todas as peças dos processos, seja porque já têm, a priori, a sentença antes de ouvir as partes. Se o Legislativo responde, de um modo ou de outro, ao cidadão, se o Executivo é obrigado a fazer o mesmo, os juízes respondem, quando assumidos como prejudiciais apenas aos seus pares, em julgamentos sigilosos cujos frutos são verdadeiros *arcana* para o mundo civil.

Platão adverte contra o excesso de poder concedido às cortes de justiça, populares ou não. Os abusos dos juízes e demais integrantes do mundo estatal, escreve ele, deveriam ser previstos e evitados. Os perigos do abuso eram conhecidos na Atenas de seu tempo e existiam técnicas contra eles. Todos os que exerciam cargos, antes da posse, passavam por um exame acurado (a *dokimasía*) diante do Conselho e das cortes populares. Após deixar o cargo, eram submetidos a outro exame oficial (*eitinai*) dos seus atos, sendo sujeitos a multas e outras penalidades se fossem culpados de agir contra as leis. Em cada encontro da Assembleia soberana dos cidadãos, os dirigentes podiam ser suspensos, desde que não conseguissem votos para se manter no cargo.

Dessas instituições atenienses Platão mantém duas: o escrutínio e a revisão do mandato. Ele propõe um conselho de Examinadores (*eutinoi*) que deveria avaliar todos os governantes durante e após o mandato, em intervalos nos quais todos relatariam o que descobriram. Em caso de uso errado do cargo, eles teriam poderes para impor penalidades ou multas. Mas o poder dos examinadores, por sua vez, era limitado, pois um dirigente indigitado por eles poderia apelar para a corte dos Juízes Selecionados. Se perdesse, seria obrigado a cumprir as penalidades. Caso contrário, poderia acionar os examinadores, exigindo a sua remoção ou punição.

O princípio das propostas platônicas é exposto nas seguintes frases das *Leis*:

> No caso em que um magistrado tenha ajuizado algo de modo injusto (*adikos*, de errado, não reto, injusto) tratando-se dos danos de um litigante, sua penalidade diante da vítima do referido prejuízo deverá ser o dobro do valor reclamado. E todo aquele que desejar, poderá ir às cortes comuns contra os magistrados por causa de decisões injustas, nos casos trazidos diante deles (846b).

A língua usada por Platão nas sentenças citadas (*ho boulómenos*, "Todo aquele que desejar") é a mesma usada nos termos legais áticos, quando se descreve uma *graphé* (ação) que podia ser assumida por pessoas outras, além da que foi diretamente afetada.

Mas Platão é mais duro ainda. Ele prevê ações contra dirigentes por abuso judicial e administrativo. Todos os juízes, além dos dirigentes menores do Estado, seriam sujeitos a processos por violação da lei. "Nenhum juiz ou dirigente deve ser isento de responsabilidade (*anipeutinos*) pelo que faz como juiz ou dirigente, exceto aqueles cujo juízo é final". No entanto, até mesmo no caso de Siracusa, Platão propõe um *arkhé hipeutinos basiliké*, um poder real responsável (*Carta VIII*, 355e)[110]. Platão formaliza um sistema preciso de distribuição do poder judiciário sem paralelo em seu tempo. Ele difere da ordem estritamente democrática, pois não entende as cortes populares como supremas. E também diverge da oligarquia e da aristocracia, pois em sua proposta os dirigentes superiores do Estado são responsáveis e não possuem privilégios como os usufruídos pela Gerúsia de Esparta, ou mesmo pelo Areópago ateniense antes de Solon. Ele planeja, portanto, algo que teve relevância estratégica no mundo moderno e determina a estabilidade política com a balança entre as forças opostas, algo fundamental em Montesquieu. É platônica a noção de uma prática de *checks and balances*, essenciais no Estado posterior ao absolutismo.

A última e importante medida a ser notada nas teses de Platão é a publicidade dos atos: "A votação deve ser pública. Durante o julgamento os juízes devem sentar-se uns perto dos outros em ordem de idade e diretamente diante do acusado e do acusador; e todos os cidadãos que possuam tempo, devem seguir os trabalhos" (*Leis*, 855d). O

110. Glenn R. Morrow, Plato and the Rule of Law, em Gregory Vlastos (ed.), *Plato, a Collection of Critical Essays, Ethics, Politics, and Philosophy of Art and Religion*, t. II, Notre Dame: University of Notre Dame Press, 1978, p. 144 e s. O ensaio de Morrow é de 1946. O comentário é eloquente, e o transmito na língua inglesa para guardar a sua dramaticidade: "I confess to a secret fondness for Plato's proposal, because it strikes at a defect in the administration of justice to which our Anglo-Saxon lawyers seem to be congenitaly blind, viz. the abuse of judicial power. For the rule of law, as it worked out in our legal institutions, means the rule of judges, and this kind of rule, like any other, can become tyranny unless properly safeguarded", p. 157.

filósofo, diz Glenn Morrow, procura evitar algo como o sistema secreto da *Star Chamber*, algo usado pelos soberanos ingleses para impor despoticamente o seu poder contra as leis estabelecidas e as práticas judiciárias comuns.

Volto ao nosso fato comemorativo. Os senhores analisam a nossa Constituição, como ela nasceu e quais os seus obstáculos reais. Peço então o máximo cuidado com o juiz, que serve como intermediário entre a lei e os cidadãos, sujeitos legítimos do mesmo ordenamento legal. Escutemos uma autoridade no campo jurídico internacional, Michael Stolleis, em considerações estratégicas sobre o múnus do magistrado. Diz Stolleis,

> Vimos o que apresentou Platão como base para o controle dos juízes. Depois da Grécia, em vez do povo diretamente soberano, o juiz julga em nome de um outro e maior poder. Na tardia Idade Média e nos inícios dos tempos modernos, do século XV ao XVIII, Deus e o *ius divinum* são indicados como autoridades [...]. Mais os Estados se tornam um estado de legislação, mais Deus e natureza são substituídos pelo texto da lei escrita e impressa, a intenção do legislador. Desde que Jean Bodin explicou a soberania como o poder do seu possuidor de dar ordens a cada indivíduo e para todos, legislar, o Estado moderno tornou-se um Estado de legislação. No próximo século Thomas Hobbes intensificou a tese, proporcionando a base teórica da aliança de todos os indivíduos e fornecendo todo poder ao monarca[111].

Com as revoluções modernas, dos *levellers* ingleses no século XVII aos democratas franceses, se estabelece a nação uniforme, não três corpos sociais como a nobreza, o clero e o terceiro estado. O governante pela graça divina é substituído pela soberania do povo. As *leges fundamentales* são

---

111. *A History of Public Law in Germany, 1914-1945*, op. cit., p. 289 e s.

trocadas pela Constituição. Esta é o mais autorizado documento das nações, o mais santo, que prende os reis e os representantes. Mas tal mudança exigiu muito sangue e lutas por parte dos democratas que fugiam da Justiça monárquica absolutista[112].

E o juiz? Este, adianta Stolleis, é unido à lei. Mas agora, o que é a lei? Não é mais a ordem de um soberano onipotente, como em Bodin, mas um compromisso entre o parlamento e o governo. O primeiro discute e adota resoluções, mas a aplicação da lei depende do governo. No século XIX os jurados assumem nova figura. Eles simbolizam a transferência da justiça do poder monárquico para as mãos do povo. Sua função é garantir que os juristas não sigam além do sentido popular de justiça. Ao mesmo tempo tal simbologia remete à ordem democrática moderna, mas também à uma reversão romântica, para a Idade Média, que supõe o natural, o "diretamente derivado do caráter nacional".

O novo juiz torna-se um representante do terceiro poder, ele se liga à lei feita pelo povo ou pelos seus representantes. Diante dele, agem o promotor que representa o Estado e os defensores das partes. O notável é que ele agora em público, em prédios acessíveis à audiência. Mais importante, as sentenças, incluindo os argumentos usados,

112. Neste sentido, vale a pena reler o livro de John Campbell (Lord Chief Justice of England): *Atrocious Judges: Lives of Judges Infamous as Tools of Tyrants and Instruments of Oppression*, London: John Murray, 1849; New York: Orton & Mulligan, 1856. Ele pode ser lido em partes substanciais no endereço eletrônico: <http://medicolegal.tripod.com/atrocious judges. htm>. Acesso em: 18.set.2009.

recebem críticas acadêmicas ou da opinião pública. O juiz é muito diferente do que operava no Antigo regime. O Estado constitucional mudou o seu perfil. Mas o Estado o usa, não raro, como instrumento de domesticação. No século das ditaduras, o século XX, o juiz independente torna-se desnecessário, o que serve como domesticador torna-se essencial. Esta é a tragédia do Judiciário.

Passada, pelo menos em alguns países hegemônicos, a era das ditaduras, vem o período da suposta globalização, modo sofisticado de negar a soberania dos Estados mais fracos, em favor dos fortes. Chegamos aos tempos atuais. Como diz Stolleis, um brinquedo infantil produzido na China, exportado para qualquer país e revendido, contém integrantes perigosos. Qual a situação, em termos legais, se um dano ainda não foi detectado? Ou se a manteiga dinamarquesa, subsidiada pela Bélgica e levada para a Argélia via Bavária e Itália, for reimportada na Europa como óleo? Trata-se de fraude, mas sob qual lei?

Isso tudo significa que o juiz de hoje é um prático especializado e, ao mesmo tempo, um generalista que deve tratar com enormes incertezas. O dogmatismo de quem se julga um neutro aplicador das leis e proclama, após sentenças notoriamente eivadas de ideologia conservadora, nunca "fazer juízo de valor", tende a desaparecer, mas, por enquanto, ele triunfa em países que negam os princípios da publicidade e da prestação de contas ao povo. Nos tribunais norte-americanos, quantos juízes recusaram aplicar, com espírito burocrático, os mandamentos da Lei Patriótica? No mundo e no Brasil, portanto, muitos tribunais ainda se movem no universo descrito por Max Weber no início do século XX. Os processos contra notórios torturadores do período ditatorial, no Brasil, mostram bem a gravidade do assunto. A Lei de Anistia tende a se transformar em salvo-conduto dos que usaram a força física do Estado da maneira mais torpe. E o que fazem os juízes? Cito Weber:

a burocratização do Estado e do direito reconhece, em geral, a definitiva possibilidade de rigorosa distinção conceitual entre uma ordem jurídica "objetiva" e direitos "subjetivos" dos indivíduos garantidos por ele, bem como a separação entre o direito "público", ligado às relações entre autoridades e "súditos", e o direito "privado" que regula as relações dos indivíduos dominados entre sí. A burocratização pressupõe a separação abstrata entre o "Estado", enquanto sustento abstrato dos direitos de mando e criador das "normas jurídicas" e todas as "atribuições" pessoais dos indivíduos[113].

Nas formas burocráticas oficiais existe a perpetuidade do cargo. O que não significa a posse do mesmo cargo.

Quando no campo judicial garantias são dadas aos juízes e demais funcionários da justiça, contra destituições ou remoção arbitrárias, tais medidas têm por finalidade principal oferecer "segurança" com vistas ao cumprimento rigorosamente objetivo e isento de toda consideração pessoal, o dever específico imposto pelo cargo correspondente. A proporção da "independência" outorgada por aquela garantia jurídica na burocracia não causa o incremento da estima "convencional" – estamental – do funcionário assim garantido [...]. O funcionário administrativo, em todos os casos, pode ser despedido com mais facilidade do que o juiz "independente".

A independência dos juízes, na hierarquia burocrática, resulta na despersonalização de sua individualidade. Os sistemas burocráticos de poder, mesmo no campo

113. *Economia y Sociedade*, Mexico: Fondo de Cultura Económico, 1973, t. II, p. 749.

legal, não operam segundo as particularidades subjetivas dos integrantes, das partes à defesa, desta à promotoria, chegando ao juiz. "O juiz moderno", adianta Weber, "é similar à máquina que distribui refrigerantes, na qual os processos são inseridos com a taxa e vomita o julgamento com razões mecanicamente derivadas do Código".

A independência funcional garante, paradoxalmente, a mecanização do juiz. Este não mais depende de um soberano definido, indivíduo ou coletividade (rei, papa, aristocracia ou povo), pois a independência diante de pessoas de carne e osso é paga pela inserção na máquina de controle geral. A independência dos juízes exige cautela. Quando se trata de diminuir o autoritarismo de governantes e legisladores, aquele ideal pode ser visto como incremento de liberdade para os magistrados em proveito da ordem coletiva. Mas, se ao despedir a dependência anterior o juiz é inserido numa rede burocrática impessoal que o controla externa e internamente, sua pretensa independência pode retomar pesadelos políticos.

Cito o caso indicado por Eric Voegelin, lúcido analista do nazismo. Trata-se do julgamento de Hans Hefelman. O réu afirmou que

todos os procuradores de justiça chefes e presidentes das Cortes de Apelação tinham declarado seu apoio ao programa de eutanásia. O réu, acusado de cumplicidade na morte de 73 mil supostos doentes mentais, disse que o secretário de Estado do Ministério da Justiça, doutor Franz Schlegelberger, [...] fez uma preleção na conferência em que declarou que a ação "T 4" era legal. Nenhum dos mais de cem membros mais antigos, entre os quais estava o presidente da Suprema Corte, Erwin Bumke, apresentou objeções.

Detalhe: o fundamento "legal" dos atos criminosos era um decreto pessoal de Hitler, que não deveria ser divulgado e permanecer secreto. Todos nós, brasileiros, recordamos o que significa decreto secreto. E nos perguntamos, na época, quantos juízes e demais operadores do direito se levantaram contra eles. Mas sigamos Voegelin:

> Temos documentos daquele encontro. É sabido que esses advogados reunidos, entre eles o presidente da Suprema Corte, Bumke, foram informados de que a campanha fora planejada, de fato, sem nenhuma base legal, meramente com fundamento num decreto do *Führer* que deveria ser mantido secreto. Os advogados foram informados de que a campanha deveria ser um segredo do *Reich*. Isso significa que todos os mais altos juízes alemães sabiam que todo esse empreendimento não tinha nenhuma base legal e não disseram nada. Testemunhas dessa cena descrevem como todos aqueles presidentes da Corte de Apelação olharam para Bumke – o que dirá Bumke? – e Bumke nada disse! E então também eles nada disseram – e toda a coisa começou a mover-se. Isto é o que parece na prática[114].

Mas ao se falar em eutanásia, cujo fundamento é a eugenia, não podemos esquecer um outro ato de juiz, também de Suprema Corte, mas agora nos EUA. Trata-se do processo de Carrie Buck, dita débil mental. Sua mãe, Emma, também fora declarada débil e encarcerada pela vida toda na Colônia para Epilépticos e Deficientes Mentais da Virgínia. Os legisladores daquele Estado hesitavam em proclamar a lei de eugenia tendo em vista a esterilização. Depois de várias leis terem sido vetadas por tribunais, com base na Constituição, o processo foi para a Suprema Corte e teve como relator o juiz Oliver

---

114. Eric Voegelin, *Hitler e os Alemães*, São Paulo: É Realizações, 2008, p. 92-93.

Wendell Holmes Júnior. Holmes era um defensor da livre expressão. É conhecido o seu dito: "Se existe qualquer princípio da Constituição que imperativamente exige fidelidade, mais que qualquer outro, é o da liberdade de expressão – não liberdade de expressão para aqueles que concordam conosco, mas liberdade de expressão para aqueles que achamos que odiamos". De fato, comovente princípio liberal. Ele foi tido como o mais respeitado homem da lei norte-americana.

E foi tal juiz que levou adiante o processo Buck versus Bell, decidido em 1927. Leitor de Spencer e dos chamados darwinistas sociais, Holmes proclamou coisas expressivas na coletânea de seus escritos, publicada com o título *The Common Law*, como, por exemplo, dizer que a ideia de direitos herdados é intrinsecamente absurda (trata-se da *Lecture* IX, contra III, "void and voidable"). Em 1920, antes do processo Buck versus Bell, ele escreve ao jurista inglês Frederick Pollak:

O homem, hoje, é um animal predatório. Creio que a sacralização da vida humana é uma ideia local, sem nenhuma validade fora de sua jurisdição. Acredito que a força, mitigada ao máximo possível pelas boas maneiras, é a *ultima ratio* e, entre os dois grupos que querem fazer tipos inconsistentes de mundo, não vejo outra solução além do uso da força[115].

Sem me alongar demasiado sobre o caso, que deu forte impulso aos procedimentos eugenistas nos EUA e

115. Edwin Black, *A Guerra contra os Fracos: A Eugenia e a Campanha Norte-americana para Criar uma Raça Superior*, Rio de Janeiro: A Girafa, 2003, p. 191-215. A sentença de Holmes pode ser lida em: <http://www.houseofrussell.com/legalhistory/alh/docs/buckvbell.html>. Acesso em: 18.set.2009.

no mundo, inclusive e sobretudo na Alemanha de Hitler, cito a parte essencial da sentença pronunciada pelo grande liberal e juiz:

É melhor para todos no mundo que, em vez de esperar para executar descendentes degenerados por crimes, ou deixar que morram de fome por causa de sua imbecilidade, a sociedade possa impedir os que são claramente incapazes de continuar a espécie. O princípio que sustenta a vacinação compulsória é amplo o bastante para cobrir o corte das trompas de Falópio. Três gerações de imbecis são suficientes.

Carrie Buck foi esterilizada em 19 de outubro de 1920[116].

Poderíamos recitar infinitos casos brasileiros que mostram a cumplicidade de juízes com sistemas injustos ou mesmo iníquos de poder. As duas ditaduras que

116. Cf. Idem, p. 191-215. "It is better for all the world, if instead of waiting to execute degenerate offspring for crime, or to let them starve for their imbecility, society can prevent those who are manifestly unfit from continuing their kind. The principle that sustains compulsory vaccination is broad enough to cover cutting the Fallopian tubes. *Jacobson* v. *Massachusetts*, 197 U.S. 11. Three generations of imbeciles are enough". E o *grand finale*: "But, it is said, however it might be if this reasoning were applied generally, it fails when it is confined to the small number who are in the institutions named and is not applied to the multitudes outside. It is the usual last resort of constitutional arguments to point out shortcomings of this sort. But the answer is that the law does all that is needed when it does all that it can, indicates a policy, applies it to all within the lines, and seeks to bring within the lines all similarly situated so far and so fast as its means allow. Of course so far as the operations enable those who otherwise must be kept confined to be returned to the world, and thus open the asylum to others, the equality aimed at will be more nearly reached".

desgraçaram a nação no século XX tiveram sustento em propaganda, força física, auxílio de muitos magistrados, causídicos, constitucionalistas. Passadas as formas de imposição ditatorial, com o retorno ao mando civil e advinda a Constituição cidadã, milhares de pessoas no Brasil ainda são submetidas a torturas, escravidão, sequestros de seus bens por planos econômicos que são verdadeiros golpes de Estado brancos, e não encontram abrigo em togas que deveriam servir para protegê-las. Vemos, por outro lado, que movimentos sociais recebem apodos infamantes de instituições que deveriam investigar *sine ira et studio*, mas que chegam às propostas de criminalizar movimentos sociais, sem julgamento.

Quando injustiças tremendas são cometidas, é fácil acusar governos, parlamentos, exércitos, polícias. Mas é preciso ser mais prudente e verificar a culpa de todos os envolvidos, das camadas populares aos juízes. É o que afirma Stolleis, quase no final de seu pungente livro sobre o ensino jurídico na Alemanha, antes e depois do nazismo[117]. A história do Holocausto está germinada à narrativa do ensino e pesquisa sobre a constituição, que o reflete em todos os aspectos. "Estado, 'administração', 'sistema judiciário' e o exército, estiveram envolvidos como atores diretos, ajudantes, ou como testemunhas silenciosas que apoiavam ou apenas se resignaram". Da lista não escapam

os inumeráveis participantes que garantiram as estruturas e permitiram que os aparelhos permanecessem operando, como, por exemplo, os engenheiros do *Reichsbahn*, os oficiais da *Wehrmacht*, os que sabiam de tudo nos ministérios, os juízes, os promotores,

117. Cf. M. Stolleis, op. cit., p. 436-437.

e os acadêmicos também, comentadores que traduziram a nova injustiça para os velhos princípios dogmáticos e os tornou utilizáveis numa forma percebida como "normal" [...] O que eles fizeram pode não ter sido criminoso no sentido legal, mas sem suas inumeráveis contribuições para a divisão do trabalho, o crime do Holocausto não teria sido possível.[118]

Quando o STF decidiu em favor do governo brasileiro e contra os aposentados, escrevi um artigo que o Unafisco me deu a honra de repercutir, em louvor de Evandro Lins e Silva, juiz expulso pela ditadura quando exercia seu ofício no STF. Cito o final do texto:

Evandro Lins e Silva nunca faltou com a sua consciência e jamais desobedeceu ao maior imperativo categórico, o definido pelo dever. Advogado, entendeu perfeitamente todas as faces da justiça, da promotoria ao juiz. Político, nunca acolheu, enquanto juiz, os desejos e planos dos ocupantes de cargos executivos. Suas sentenças trouxeram o direito das nuvens oligárquicas ao povo sofrido das ruas e aos profissionais da honestidade. Jornalista, jamais vendeu sua pena em favor de interesses alheios aos direitos públicos.

Evandro sofreu violências dos poderosos, mas nunca abandonou a confiança do seu povo. Fico feliz por não ter ele visto a decisão do STF em detrimento dos direitos adquiridos pelos aposentados. Tenho certeza de que, junto ao Único juiz competente, ele agora percebe o sentido inteiro de sua vida: alimentar com a chama da justiça a esperança das pessoas que tiveram seu anelo de respeito pisado por um presidente, esquecido do que prometeu à sua gente, abandonada pelos parlamentos, finalmente destituída pelos que deveriam zelar pela retribuição de quem pagou pelos seus "benefícios" e agora se pergunta onde reside a justiça.

Todos os cidadãos devem começar uma luta urgente: exigir que o STF seja ocupado por magistrados de carreira, sem nenhuma

---

118. Idem, ibidem.

indicação da presidência da República, cumprindo a plena autonomia entre os três poderes. Depois do julgamento histórico do STF, as causas dessa batalha são mais do que óbvias. Evandro Lins e Silva estará presente na memória da cidadania, que o evocará sempre com extrema gratidão. O mesmo não é possível dizer de várias outras togas, para nossa tristeza.

Para finalizar, cito um artigo que merece atenta solicitude, o escrito por Dominique Rousseau, professor de direito constitucional na Universidade de Montpellier (França), que analisa o papel do juiz nas sociedades modernas. Entre as coisas ditas por ele e que precisam ser discutidas, o professor aponta para a presença dos magistrados em tarefas que antes não eram usuais, como é o caso da Operação Mãos Limpas, ou o que faz Garzon na Espanha. O fato possui origens institucionais. Assistimos, diz Rousseau, o declínio de instituições que até agora exerciam um papel de contrapoder, de controle, de sanção, tanto no domínio político quanto no econômico e civil. Outras explicações são de ordem sociopolítica, como, por exemplo, o fim dos "grandes relatos" sobre a sociedade, com a queda do muro de Berlim, que exige hoje de todos uma acurada responsabilidade individual.

Seria o poder novo dos juízes a prova de um declínio da democracia? Não necessariamente. A filosofia política moderna foi edificada, argumenta o professor, sobre um buraco negro relativo ao terceiro poder. O próprio Montesquieu, que teoriza a separação dos poderes, escreve a propósito do judiciário que "a potência do juiz é nula", pois o direito é a boca da lei. O aumento do poder dos juízes no mundo mostra que tal ideia é falsa. De fato, a lei é ao mesmo tempo barulhenta e silente, no sentido de que ela é apenas constituída por palavras, mas é o juiz que dá um sentido preciso, um conteúdo concreto a tais palavras. Assim, quando a lei diz que todos os indivíduos que constituem uma ameaça para a ordem pública devem ser processados, ela não diz o que concretamente é uma 'ameaça para a ordem pública', é o juiz que, confrontado por tal ou tal situação, dá um sentido, um conteúdo, uma concretude às referidas palavras. É o juiz que finaliza a lei, que dela faz uma norma.

O aumento do poder dos juízes coloca interrogações sobre o paradigma democrático, cujo fundamento é o voto, finaliza o professor Rousseau. Pelo voto os eleitores exercem sua vontade, que coincide com a dos eleitos. A legitimidade democrática exige o círculo entre as duas vontades, a do eleitor e a do eleito. Já o poder dos juízes é de inspeção, controle, mais do que os poderes cujo fundamento é o voto. A fusão suposta entre representados e representantes é negada, ou tida como insuficiente. Para que exista democracia é preciso, doravante, que ocorra um direito de controle e o exercício desse direito, entregue ao juiz[119].

O que Dominique Rousseau descreve em poucas palavras pode ser uma saudável interferência na ordem pública, pelos magistrados. Mas quando ele relativiza, da forma como o faz, a democracia eletiva em favor do controle judicial da coisa pública, sem que exista passagem pelo voto, é possível temer pelo futuro. Uma tirania, apenas porque é sapiente e togada, não é menos letífera do que as demais. É importante que os juízes deixem uma posição distante face aos problemas da república. Eles

---

119. D. Rousseau, Le Rôle du juge dans les sociétés modernes, no sítio *Histoire, Géographie, Éducation Civique*, disponível em: <http://pedagogie.ac-amiens.fr/histoire_geo_ic/spip.php?article250>. Acesso em: 25.8.2001.

integram a essência mesma do Estado e não lhes cabe o alheamento. Mas disto não se pode inferir, sem muitas controvérsias e análises, que eles têm legitimidade para se imiscuir, sem votos e sem prestar contas ao povo, do que é entregue ao múnus dos demais poderes. Tal situação seria típica das ilegitimidades *ex defectu tituli.* E tal status se agravaria, ademais, com o exercício ilegítimo.

Com os exemplos do passado e do que atualmente assistimos no Brasil – basta recordar a notícia com que iniciei estas considerações – temos muitas e ponderáveis razões para exigir que o poder dos juízes receba fortes contrapesos dos demais poderes e, sobretudo, que eles sejam obrigados a prestar contas ao povo soberano. Aquele mesmo que nos textos jurídicos e nos discursos judiciários é dito "leigo". Ainda vivemos, infelizmente, no mundo hierarquizado de Dionisio Areopagita. Nele, o cosmos natural e político vai dos seres mais próximos do divino, anjos e arcanjos e deles aos sacerdotes. Abaixo dos quais vive o *laós*, composto pelos mortais comuns que só merecem receber lições e governo. Esta escala sagrada foi destruída por Lutero e pelas Revoluções inglesa do século XVII, norte-americana e francesa. Parece que em muitos setores do Estado, em especial no Judiciário, ainda estamos muito longe da Reforma e da moderna democracia.

Este livro foi impresso na cidade de São Paulo,
nas oficinas da Yangraf Gráfica e Editora Ltda.,
em novembro de 2009,
para a editora Perspectiva S.A.